Liebe Leserinnen und Leser,

was? Schon wieder Weihnachten? Nicht ganz. Aber fern sind sie nicht mehr, die feierlichen Tage, die etwas Lichterglanz bringen sollen zum Ende eines Jahres, das immer wieder auch Schatten in unser Leben geworfen hat. Immerhin: Die Krise förderte auch Gutes zutage: Gemeinschaftssinn, Nachbarschaftshilfe, ein neues Miteinander, kurz: Solidarität – und nicht zuletzt auch mancherlei Erhellendes in Form von Poesie und Prosa. SOMMERGRAS hatte in diesem Jahr zweifellos und ohne es zu wollen so etwas wie ein Schwerpunktthema. Denn vieles hat uns bewegt in Zeiten eingeschränkter Bewegungsfreiheit.

> Ausgangssperre –
> nie gingen sie so weit
> meine Gedanken

Die Gedanken des DHG-Vorstandes gehen unterdessen schon weit in das nächste Jahr hinein zur geplanten DHG-Mitgliederversammlung Ende Mai in Berlin. Die Vorbereitungen sind angelaufen, unbeeindruckt von der Pandemie. Es sei hier nochmals darauf hingewiesen, dass diese Planungen unter dem Vorbehalt der weiteren Entwicklung stehen müssen. Das ist ebenso bedauerlich wie unvermeidlich. Der DHG-Vorstand wird Sie rechtzeitig über alles informieren.

Die Redaktion hat im Herbst wieder viele Ihrer bunten Blätter eingesammelt, die in die Redaktionsstube flatterten. Dabei ist dieses Heft herausgekommen, von dem wir hoffen, es bringt etwas Licht und Wärme in diese Tage, Freude zudem und auch Nachdenkliches. Denn bei allen schweren und wechselhaften Geschicken und Einschränkungen, seien Sie gerne erinnert: „Es bleibet dabei / die Gedanken sind frei."

Herzlich
Ihr Horst-Oliver Buchholz

3

Inhalt

REZENSIONEN/BESPRECHUNGEN

BERICHTE

MITTEILUNGEN

IMPRESSUM

Die Haiku-Agenda 2021

Ein Bericht von Eleonore Nickolay

Die Juroren Horst-Oliver Buchholz, Petra Klingl und Klaus-Dieter Wirth konnten für die eingereichten Haiku (269) und Cover-Vorschläge (8) 1 bis 3 Punkte vergeben. Peter Rudolf nahm zuvor die Beiträge entgegen und anonymisierte sie.

Dem Koordinator und den Juroren sei herzlich für ihre Arbeit gedankt.

Das Bambus-Foto von Gabi Buschmann erreichte mit 8 Punkten die höchste Punktzahl und schmückt damit unsere Haiku-Agenda 2021. Herzlichen Glückwunsch an die Fotografin!

Das Winter-Haiku:

Froststarrer Wald
wir gehen spazieren
mein Atem und ich

erreichte mit 8 Punkten die höchste Punktzahl. Herzlichen Glückwunsch an die Autorin **Deborah Karl-Brandt**!

Insgesamt 13 Haiku erreichten 7 Punkte. Herzlichen Glückwunsch an alle Autoren und Autorinnen!

6

Deutsche Haiku-Gesellschaft e. V.

 Die Deutsche Haiku-Gesellschaft e. V.[1] unterstützt die Förderung und Verbreitung deutschsprachiger Lyrik in traditionellen japanischen Gattungen (Haiku, Tanka, Haibun, Haiga und Kettendichtungen) sowie die Vermittlung japanischer Kultur. Sie organisiert den Kontakt der deutschsprachigen Haiku-Dichter untereinander und pflegt Beziehungen zu entsprechenden Gesellschaften in anderen Ländern. Der Vorstand unterstützt mehrere Arbeits- und Freundeskreise in Deutschland sowie Österreich, die wiederum Mitglieder verschiedener Regionen betreuen und weiterbilden.

[1]Mitglied der Federation of International Poetry Associations (assoziiertes Mitglied der UNESCO), der Haiku International Association, Tokio, Ehrenmitglied der Haiku Society of America, New York.

Anschrift	Deutsche Haiku-Gesellschaft e.V., z. Hd. Stefan Wolfschütz, Postfach 202548, 20218 Hamburg

Vorstand

Info/DHG-Kontakt und Redaktion	Horst-Oliver Buchholz, horst-oliver.buchholz@dhg-vorstand.de
Redaktion	Eleonore Nickolay, eleonore.nickolay@dhg-vorstand.de
Kassenwartin	Petra Klingl, petra.klingl@dhg-vorstand.de
Website	Stefan Wolfschütz, stefan.wolfschuetz@dhg-vorstand.de
	Claudia Brefeld, claudia.brefeld@rub.de
Internationale Kontakte	Klaus-Dieter Wirth, kd.wirth@dhg-vorstand.de
	Peter Rudolf, peter.rudolf@dhg-vorstand.de
	Tony Böhle, tony.boehle@dhg-vorstand.de
Bankverbindung:	Landessparkasse zu Oldenburg, BLZ 280 501 00, Kto.-Nr. 070 450 085 (BIC: SLZODE22XXX, IBAN: DE97 2805 0100 0070 4500 85)

Bibliografische Information der Deutschen Nationalbibliothek:
Die Deutsche Nationalbibliothek verzeichnet diese Publikation
in der Deutschen Nationalbibliografie;
detaillierte bibliografische Daten sind im Internet über dnb.dnb.de abrufbar.

©2020 Deutsche Haiku-Gesellschaft
Herstellung und Verlag:
BoD – Books on Demand, Norderstedt
ISBN 978-3-752648-49-2

Für den (Vor)Frühling ein Haiku:

Aschermittwoch –
der Kater
verschmäht seinen Fisch
Eva Limbach

Für den Sommer vier Haiku:

Regenpfütze
bunte Kinderstiefel
im Himmel
Christa Beau

windstille
der ast mit den reifen kirschen
wackelt noch
Tobias Tiefensee

Hundstage
der Wasserspeier
grinst nur
Friedrich Winzer

Ferienende
im Kletterpark turnen
Eichhörnchen
Eleonore Nickolay

Für den Herbst ebenfalls vier:

Quittenduft
den Sommer eingefangen
im Erntekorb
Evelin Schmidt

herbstlektüre
ich blättere von ahorn
zu silberweide

Annika Carmen Schmidt

Herbststurm
ein Windspiel landet
im Zen-Garten

Friedrich Winzer

Totensonntag
die Sprache
der Kerzen

Dorothea Philipps

Für den Winter weitere vier Haiku:

wieder single
sie backt sich einen
lebkuchenmann

Tobias Tiefensee

Dezemberabend
die Süße des Glühweins
auf seinen Lippen

Christa Beau

Demenzheim
ich höre Weihnachtslieder
aus meiner Jugend

Hildegard Dohrendorf

Valentinstag –
Zwischen dem Paar am Nachbartisch
kreist das Wort „damals"

Claudia Melchior

Weitere 13 Haiku erreichten 6 Punkte, 25 Haiku 5 Punkte und 40 Haiku 4 Punkte.

Für einen Platz auf einer der Kalenderwochenseiten wurde jeweils ein Haiku aus den Haiku mit der höchsten Punktezahl je Autor/-in ausgewählt. 4 Punkte mussten dazu mindestens erreicht werden. Eleonore Nickolay nahm die Wahl und Verteilung auf die Kalenderwochenseiten vor. Um alle 53 Kalenderwochen den Jahreszeiten entsprechend füllen zu können, griff sie auf 5 Haiku aus vorangegangenen Haiku-Auswahlen von SOMMERGRAS zurück. Herzlichen Glückwunsch allen 53 Autoren und Autorinnen.

Erfreulicher Bonus sind auch in diesem Jahr wieder die DHG-Mitgliederseiten, auf denen die vier Jahreszeiten noch einmal in 19 Haiku Revue passieren und von Claudia Brefeld fotografisch illustriert werden. Herzlichen Dank an die Mitglieder und die Fotografin!

Ebenfalls dankend zu erwähnen sind Klaus-Dieter Wirth, der ein neues Haiku-Glossar erstellte, Stephanie Mattner, die für das Layout verantwortlich zeichnet, und last but not least Stefan Wolfschütz, der sich um die verlegerischen Belange kümmerte.

Der DHG-Vorstand wünscht viel Freude mit der neuen Haiku-Agenda. Möge sie ein schöner wie praktischer Begleiter durch das kommende Jahr sein.

Tanka-Wettbewerb der DHG: Schreiben Sie eine große Tradition fort!

Schon aus dem 10. Jh. gibt es Berichte über Dichterwettstreite am japanischen Kaiserhof. Damals trafen sich auf Einladung eines Schirmherrn, meist war es der Kaiser selbst, die talentiertesten und bekanntesten Dichter, um im Dichten von Tanka zu einem vorgegeben Thema zu wetteifern – das konnten ganz allgemeine Dinge sein wie der nebelverschleierte Mond, Kirschblüten oder ein Abschied im Herbst.

An diese Tradition wollen wir anknüpfen und laden ein zu einem DHG-Tanka-Wettbewerb.

Wie soll das gehen? Einen Kaiser haben wir ja nicht mehr. Und treffen!? Das ist in Zeiten von Corona natürlich auch kaum möglich … Der Mond, Kirschblüten … alles langweilig?! Na gut, dann planen wir ein bisschen anders und machen es so:

Zu unserem ersten DHG-Tanka-Wettbewerb können Sie **bis zu zwei** Tanka einreichen.

Schicken Sie uns Ihre Beiträge bitte **bis zum 28. Februar 2021** mit dem Betreff **„Tanka-Wettbewerb"** an die E-Mail-Adresse

peter.rudolf@dhg-vorstand.de.

Das Thema lautet: **Supermarkt.**

Eine Formvorgabe (also 5-7-5-7-7 oder Ähnliches) gibt es nicht.

Es wird eine Wertung durch eine Jury geben und parallel dazu eine Wertung durch die Teilnehmer selbst. Die genauen Modalitäten werden allen Teilnehmern dann bei Wertungsbeginn mitgeteilt.

Als kleine Belohnung erhalten die Sieger eine Urkunde und ein Buch zum Thema Tanka, das sie selbst auswählen dürfen! Na, wie klingt das?

Also ran an die Stifte!

Ihr Tony Böhle

KreAktiv

Haiku in Zeiten des abnehmenden Lichts

Ein Herbstbild hatten wir Ihnen, liebe Leserinnen und Leser, im vergangenen Heft angeboten. Es zeigte zwei leuchtende Blätter inmitten einer überwiegend schattigen Waldszenerie bei abnehmendem Licht. Damit verbunden war die Einladung, ein Haiku zu dichten mit Blick auf jene Mischung aus Licht und Schatten, auf Blätter und Wald. Uns haben 27 Einsendungen erreicht. Vielen Dank allen Teilnehmern. Ein Haiku hat uns besonders gefallen, es ist aus der Feder von Gérard Krebs, und so ist dieses Haiga daraus entstanden.

kühlere Tage
der Duft des Baumes
im Lindenblütentee

Foto: Horst-Oliver Buchholz, Haiku: Gérard Krebs

Ein wunderbares Haiku, ein hochverdichtetes, das im kleinen Sprachraum große Weite entfaltet. Es enthält kein Verb, keine Aktion somit, was ihm eine schöne Ruhe gibt, eine Lakonie, eine ruhige Gelassenheit im Atmosphärischen. Bei aller erforderlichen und gegebenen Offenheit hat es doch eine Verbundenheit in allem, eine Geschlossenheit, die Ausdruck findet in den Zeilen eins und drei. Den kühleren Tagen wird der – vermutlich warme oder heiße – Lindenblütentee entgegengesetzt. Ein Kontrast und doch verbunden, denn der Dichter findet Zuflucht oder Rückzug von den kühlen Tagen draußen bei einem Tee, der, so dürfen wir annehmen, drinnen eingenommen wird. Der Tee gibt nicht allein Wärme, sondern auch einen Duft, den des Baumes, was eine weitere Verbindung von Innen und Außen knüpft. Die kühleren Tage verweisen auf den Herbst, die Lindenblüte auf den Sommer, sodass hier zusätzlich ein zeitenumspannendes Motiv anklingt, wie auch der Kreislauf der Jahreszeiten, die im Gegensätzlichen eine Einheit sind. Das ist schon toll gemacht, kunstvoll ist es, ohne künstlich zu sein.

Der Mensch in der Natur, der Mensch mit der Natur: ein klassisches Motiv im Haiku, hier beziehungsreich gestaltet. Die kühleren Tage sind gekommen, der Sommer gegangen, Abschied – das ist zunächst etwas Unschönes, in das uns die Natur stellt, Melancholie schwingt mit. Zugleich erhalten wir von der Natur selbst die Mittel zur Linderung dessen, hier ist es der wärmende Lindenblütentee. So lebt der Mensch mit der Natur, lebt in ihr und ist ihr unverbrüchlich verbunden: ein ewiges Motiv, das im vorliegenden Haiku gestaltet wird. Wir dürfen sagen: meisterhaft gestaltet.

Kommentiert von Horst-Oliver Buchholz

Und hier einige weitere Haiku, die die Jury mehrheitlich als gut gelungen angesehen hat. Alle weiteren Haiku, die uns erreicht haben, werden vollständig auf der Internetseite der Deutschen Haiku-Gesellschaft www.haiku.de veröffentlicht.

erste Septembertage
der Herbst vertieft
den Sommer
    Maya Daneva

angekommen
Zuhause - der Duft
von Bratäpfeln
    Elisabeth Kleineheismann

Herbstlaub –
sie verbrennt alle Briefe
bis auf einen
    Janina Weidholz

Lang und länger
Die Steinschlange vor der Kita
bedeckt von Laub
    Deborah Karl-Brandt

weißes Haar
im Herbstlaub der Duft
von damals
    Angelica Seithe

Aufruf

Einladung: Vollenden Sie einen Oberstollen zu einem Tan-Renga

Kettendichtungen oder dialogische Formen haben eine große und lange Tradition in der japanischen Dichtung. Eine besonders beliebte Form ist das Tan-Renga. Ein Dichter gibt ein Haiku, einen Oberstollen, vor, und ein zweiter dichtet einen korrespondierenden oder kontrastierenden zwei-zeiligen Unterstollen. So entsteht es, das fünfzeilige Tan-Renga. Lassen Sie sich inspirieren von folgendem Oberstollen, der aus der Feder von Eleo-nore Nickolay stammt, und dichten Sie einen zweizeiligen Unterstollen dazu.

zwischen den Jahren
was war und was wird
wir schweigen

Im nächsten SOMMERGRAS präsentieren wir dann eine Auswahl gelun-gener Tan-Renga. Eine komplette Sammlung aller Einsendungen wird auf der Internetseite der DHG www.haiku.de veröffentlicht. Wir sind gespannt auf Ihre Einsendungen!

Einsendungen an: redaktion@deutschehaikugesellschaft.de

Stichwort: Haiku KreAktiv

Einsendeschluss: 15. Januar 2021

Die SOMMERGRAS-Redaktion wünscht Ihnen schöne Festtage und ein gutes und gesundes Jahr 2021

FOTO: CLAUDIA BREFELD

Haiku-Kaleidoskop

Klaus-Dieter Wirth

Grundbausteine des Haiku (XLII)
dargestellt an ausgewählten Beispielen

Kumulation – Kulmination

Kumulation bedeutet Anhäufung, eine Aussageform, bei der mehrere in Relation stehende Aspekte zusammengeführt werden. Mit Bezug auf das Haiku bleibt deren Anzahl logischerweise in der Regel auf zwei oder drei Phänomene beschränkt. Bei der Kulmination, die als Aufgipfelung zu verstehen ist, ergibt sich zusätzlich eine Zielgerichtetheit.

Die Kumulation weist eine gewisse Nähe zur Wiederholung[1] und zum Parallelismus[2] auf, während die Kulmination verwandte Züge mit der Emphase[3], der Zoomtechnik[4] oder auch mit dem Vergleich, in dem Fall einer Steigerung[5], zeigt. Beiden gemeinsam ist der Aufzählungscharakter.

ochiba ochi
kasanarite ame
ame wo utsu
    Katō Kyō tai (JP)

Das Fallaub fällt und
darüber der Regen schlägt
wieder auf Regen.

Der Übersetzer Ekkehard May liefert dazu folgende Erläuterung[6]: „In diesem Haiku entsprechen sich Form und Inhalt auf das Genaueste. Dass

---

[1]Vgl. Haiku-Grundbaustein IV.
[2]Vgl. Haiku-Grundbaustein XXVIII.
[3]Vgl. Haiku-Grundbaustein XXXI.
[4]Vgl. Haiku-Grundbaustein XXIV.
[5]Vgl. Haiku-Grundbaustein XVII.
[6]May, Ekkehard: *Shō mon III – Chûkō – Die neue Blüte*. Mainz (Dieterich'sche Verlagsbuchhandlung) 2006, ISBN 3-871620-63-7, S. 301.

15

Laub auf Laub fällt, sich anhäuft, dass Regen wiederum auf die nassen Blätter klatscht, findet sich in der Reihenfolge der Wörter genau nachgebildet. Das Verb in der Mittelzeile kann sich, wie so oft, als *kakekotoba*[7] auf beide Richtungen im Vers beziehen, auf die fallenden Blätter und auf den Regen."

cats in love
from balcony to moonlit roof
to heaven[8]

    Takashi Nonin (JP)

verliebte Katzen
vom Balkon zum Dach im Mondschein
zum Himmel

nobody talks –
guests and host and
a white chrysanthemum[9]

    Ryō ta Ō shima (JP)

niemand spricht –
Gäste und Hausherr und
eine weiße Chrysantheme[10]

Sudare morete
tatami ni kō ru
fubuki kana

    Segawa (JP)

Durchlässiger Bambusvorhang
vereiste Tatami-Matten
Was für ein Schneegestöber![11]

Un sanctuaire.
Des oiseaux endormis sur l'eau
Et les lumières, au loin, d'un jardin[12]

    Masaoka Shiki (JP)

Ein Shintō -Schrein.
Auf dem Wasser Vögel im Schlaf
Und in der Ferne Lichter eines Gartens

---

[7]Vgl. Haiku-Grundbaustein XXVI.
[8]Original bzw. Übersetzung höchstwahrscheinlich vom Autor selbst.
[9]Übersetzung von Gabi Greve
[10]Übersetzung von Gabi Greve
[11]Übersetzung von Eduard Klopfenstein und Masami Ono-Feller
[12]Übersetzer unbekannt

Hier kommt es sozusagen zu einer dreifachen Anhäufung von sichtbarer Stille!

Hyō ketsu no   ue ue yuki no   furi tsumoru

On congealing ice,
snow is falling, piling up
higher and higher[13]
    Seishi Yamaguchi (JP)

Auf erstarrendes Eis
fällt Schnee, häuft sich an
höher und höher

Die ungewöhnliche Verdoppelung *ue ue* (= obendrauf) im Original fungiert zudem als formale Unterstützung des Inhalts.

Bergwanderung
vor mir wächst
der Himmel
    Marita Bagdahn (DE)

Über die weite
tiefverschneite Ebene
weht auch der Wind weiß.
    Michael Groißmeier (DE)

Stiller Tag am Meer
Kiefernwind und Dünengras
weiter Horizont
    Susanne Leiste-Bruhn (DE)

Tauwetter
alle Rinnsale
auf dem Weg zum Meer
    Petra Lueken (DE)

lila das Hütchen
orange der Minirock
weiß der Blindenstock
    Ralph Günther Mohnnau (DE)

Opas Platt
Papas Hochdeutsch
Mamas Radebrechen
    Klaus-Dieter Wirth (DE)

in de wegberm zit
een haveloze swerver
allen met zichzelf
    Ferre Denis (BE)

am Straßenrand sitzt
ein zerlumpter Penner
allein mit sich selbst

---

[13]Übersetzung von Takashi Kodaira und Alfred H. Marks

al de affiches
al honderdmaal gelezen
in de wachtzaal

    Luk Gybels (BE)

all die Plakate
schon hundertmal gelesen
im Wartesaal

bleek maanlicht –
in nevelsluiers vaag
een zilverberk

    Rita Kaagman (NL)

bleiches Mondlicht –
in Nebelschleiern blass
eine Weißbirke

een blauwe vlinder
ontmoet het hemels azuur
in de korenbloem

    Marianne Kiauta (NL)

ein blauer Falter
trifft auf des Himmels Azur
in der Kornblume

een zomers zoemen
verstilt in een glazen pot
goudgele honing

    Hetty Kirchner-Simons (NL)

eines Sommers Summen
verstummt in einem Glas
goldgelber Honig

grijs op grijs
alleen de einder
een dun streepje grijs

    Chris Van de Rijck (BE)

grau in grau
nur der Horizont
ein feiner Strich grau

morning cobweb
catching dewdrops
catching sunlight

    Peter Brady (CA)

Spinnennetz am Morgen
fängt Tautropfen ein
fängt Sonnenlicht ein

empty bird's nest
in an empty tree –
year's end

    Meryl Duprey (CA)

leeres Vogelnest
in einem kahlen Baum –
Jahresende

a poppy …
a field of poppies!
the hills blowing with poppies!

    Michael McClintock (US)

eine Mohnblume …
ein ganzes Mohnfeld!
die Hügel wogend mit Mohn![14]

bent cypress
weight of the seawind
weight of the world

    Renée Owen (US)

gebeugte Zypresse
die Last des Seewinds
die Last der Welt

chance encounter
a stranger's face triggers
a memory of a memory

    Madhuri Pillai (AU)

zufällige Begegnung
das Gesicht eines Fremden weckt
die Erinnerung an eine Erinnerung

summer dawn …
listening to one cuckoo,
I hear many more

    Kala Ramesh (IN)

Sommermorgendämmerung …
einem Kuckuck lauschend
höre ich noch viele mehr

day by day
clouds, sky
sky, clouds

    Lidia Rozmus (PL / US)

Tag für Tag
Wolken, Himmel
Himmel, Wolken

autumn rain
sound into sound
into dawn

    John Zheng (US)

Herbstregen
Geräusch ins Geräusch
in die Morgendämmerung

---

[14]Übersetzung von Ruth Franke

un nuage
en forme de montagne
sur la montagne

    Bikko[15] (FR)

eine Wolke
in der Form eines Berges
auf dem Berg

cerisiers en fleur
le bruit de leur lumière
sur le silence

    Hélène Duc (FR)

Kirschbäume in Blüte
der Lärm ihres Lichts
auf der Stille

la ville, son château
son église, son cinéma
et les yeux de Lise

    Alain Richard (FR)

die Stadt, ihr Schloss
ihre Kirche, ihr Kino
und die Augen von Lise

Con el mendigo
van el cuenco, el bastón
y el camino

    Salim Bellen (RL / CO)

Mit dem Bettler
wandern die Schale, der Stab
und der Weg

Noche invernal.
La nieve se amontona
sobre el silencio.

    Marcos Andrés Minguell (ES)

Winternacht.
Der Schnee häuft sich an
auf dem Schweigen.

sa chevelure rousse
ses taches de rousseur
le reste mystère[16]

    Virginia Popescu (RO)

ihr rotes Haar
ihre Sommersprossen
der Rest ein Rätsel

---

[15]Pseudonym von Jean-Claude Nonnet
[16]Übersetzung wahrscheinlich von der Autorin selbst

Eleonore Nickolay

Die Französische Ecke

volubilis
au matin un peu de nuit
dans chaque corolle

    Françoise Deniaud-Lelièvre

Prunkwinde
am Morgen ein Rest von Nacht
in jeder Blüte

    1. Platz des
    AFH-Haiku-Wettbewerbs 2020

les arbres que j'ai coupés –
ils viennent la nuit
me parler

    Jean Antonini

die Bäume die ich fällte
kommen in der Nacht
und sprechen zu mir

    2. Platz des
    AFH-Haiku-Wettbewerbs 2020

Im Oktober wird die Leserschaft von GONG, der Vierteljahresschrift der Frankofonen Haiku-Gesellschaft (AFH), immer besonders reich beschert: Neben der regulären Ausgabe gibt es eine Sonderausgabe mit den Ergebnissen des jährlich im Juli stattfindenden Haiku-Wettbewerbs und einem von der Gesellschaft verlegten Haiku-Gedichtband eines Mitgliedes. Letzteres geschieht zweimal im Jahr, wobei eine Jury über die Auswahl der eingegangenen und zuvor anonymisierten Manuskripte entscheidet.

Aber der Reihe nach! Der reguläre GONG Nummer 69 ist gar nicht so „regulär", denn er ist Kanada und insbesondere dem frankofonen Quebec gewidmet. Die in Montreal lebende Co-Vorsitzende der AFH, Geneviève Fillion, lässt zwölf federführende Haiku-Dichtende ihrer Heimat zu Wort kommen. Gleich am Anfang steht André Duhaime, der mit der Herausgabe von Anthologien ab der 1980er Jahre ganz entscheidend zur Entstehung und Verbreitung des Haiku in französischer Sprache in Kanada beitrug. „Wir schreiben französisch und leben amerikanisch." Dieser Satz von Micheline Beaudry in ihrem Beitrag über Duhaime bringt die Bedeutung der Sprache für die persönliche Identität der Quebecer auf den Punkt. Sich gegen die anglofone Omnipräsenz zu behaupten, ist ihnen beinahe ein vitales Bedürfnis. So schildert André Duhaime, wie seine Entdeckung des

21

Genres zunächst in englischer Sprache Anfang der 1970er Jahre verlief, unter anderem mit der Lektüre der Werke des Briten Reginald Horace Blyth, bis er schließlich in den 1980er Jahren französische Autoren wie zum Beispiel Maurice Coyaud entdeckte.

Während Duhaime sich schon seit Jahren als ein städtischer Haiku-Dichter versteht und seine Gedichte als Straßen-Haiku bezeichnet, betonen die anderen Haiku-Dichtenden in ihren Beiträgen ihre Verbundenheit zu der grandiosen kanadischen Landschaft. Zu den zahlreich zitierten Haiku kommen noch 80 von Geneviève ausgewählte hinzu, sodass wir uns eine gute Vorstellung von der Spezifizität des frankofonen kanadischen Haiku machen können.

Naturschilderungen und -eindrücke sind permanente Themen, und geradezu Leitmotiv ist der Fluss St. Laurent. Achtzig Prozent der Bevölkerung in Quebec leben entlang dieses 1.197 Kilometer langen Stromes.

voie maritime un traversier fait route sur un reflet de lune	Seeweg eine Fähre unterwegs auf dem Mondlicht
Carmen Leblanc	
dans l'eau du fleuve la lune prend tout son temps	im Flusswasser der Mond nimmt sich alle Zeit der Welt
Michel Pleau	
aube glaciale des fumées de mer tamisent la lumière	eiskaltes Morgengrauen Rauchschwaden auf dem Meer dämmen das Licht
André Vézina	
fleuve tranquille touristes et béluga font des vagues	ruhiger Fluss Touristen und Beluga machen Wellen
Louve Matthieu	

la nuit   in der Nacht
sur le bout du quai   am Ende des Kais
les souffles des baleines   die Atemzüge der Wale

> Jocelyn Vaillancourt

brise sur la grève   Brise am Ufer
quitter un instant le roman   kurz den Roman verlassen
pour lire le fleuve   um den Fluss zu lesen

> Hélène Leclerc

Nicht nur entlang des St. Laurent schicken uns die Haiku-Dichtenden aus Quebec auf die Reise:

trafic nord-côtier   Nord-Küstenverkehr
une forêt d'épinettes   ein Wald Fichten
roule vers le sud   fährt gen Süden

> Francine Chicoine

au crépuscule   Abenddämmerung
un ours noir devant la porte   ein Schwarzbär an der Tür
je sors ma trompette   ich hole meine Trompete

> Gilbert Banville

souper au chalet   Abendessen im Chalet
les yeux d'une martre fixent   die Augen eines Marders starren
nos assiettes   auf unsere Teller

> Anne-Marie Tanguay

seule la fumée bouge   nur der Rauch bewegt sich
à Labrador-City   in Labrador-City
cinquante sous zéro   50 unter Null

> Francine Chicoine

Auch die Innu, eine Gruppe der nordamerikanischen Indianer, die zu den „First Nations" Kanadas zählen und im Osten der Labrador-

Halbinsel leben, haben ihren Platz in den Haiku aus Quebec. „Nitassinan" („Unser Land") nennen sie ihr Gebiet.

nitassinan
le fleuve renvoie vers la berge
le squelette d'un arbre

> Geneviève Fillion

nitassinan
der Fluss schickt ein Baumskelett
ans Ufer zurück

la grand-mère innue
une visite chez sa petite fille
avec une traductrice

> Hélène Bouchard

die Innu-Großmutter
Besuch bei der Enkelin
mit einer Übersetzerin

Von den Jüngsten unter den Haiku-Dichtenden in Quebec berichtet Jeanne Painchaud. Seit über 20 Jahren leitet sie Haiku-Schreibwerkstätten für Schüler und inzwischen auch für Lehrer.

Einige ihrer „Zöglinge" beteiligten sich erfolgreich beim renommierten Manichi-Haiku-Wettbewerb.

le vent chaud soulève
la fumée de l'usine
l'été pue encore

der warme Wind trägt
den Fabrikrauch in die Höhe
der Sommer stinkt wieder

> Marie-May Marchand
> 8 Jahre

Je suis trop petite
ma grande sœur me soulève
pour souffler les bougies

Ich bin zu klein
meine große Schwester hebt mich hoch
zum Kerzenausblasen

> Bénita Toussaint
> 7 Jahre
> Mainichi 2020 2. Platz

En glissant	Beim Rodeln
je tombe de la luge	falle ich vom Schlitten
mais pas ma botte	mein Stiefel nicht

Raphael Trégouët
6 Jahre
Mainichi 2020 1. Platz

Abschließend runden Claude Rodrigue und Klaus-Dieter Wirth das Bild mit einem Blick auf den anglofonen Teil Kanadas ab. Claude stellt die 2007 gegründete frankofone Abteilung der Gesellschaft *Haiku Canada* vor, die seitdem in ihrer „Haiku Canada Review" eine Auswahl französischsprachiger Haiku veröffentlicht. Von Klaus-Dieter erfahren wir einiges über die Entstehungsgeschichte dieser Gesellschaft, die 1977 als *Haiku Society of Canada* von Eric Amann gegründet wurde. Letzterer hatte schon zehn Jahre zuvor entscheidend dazu beigetragen, das Haiku in Kanada bekannt zu machen. 31 englische Haiku hat Klaus-Dieter für die Gong-Leserschaft ins Französische übersetzt.

Ich habe es mir nicht nehmen lassen, Geneviève, die ich persönlich kenne, zu ihrer umfangreichen Sonderausausgabe zu gratulieren. Sie hat damit übrigens Klaus-Dieter Wirth und mir hohe Maßstäbe gesetzt: Eine der nächsten Sonderausgaben wird nämlich dem deutschsprachigen Haiku gewidmet sein!

DER WELTENBUMMLER

Conrad Miesen und Rüdiger Jung
Rengay i. m. Carl Heinz Kurz

Gestützt auf den Gehstock –
der Weltenbummler und Meister
des „Senruiii"

keine Frage:
er hat den Dreh raus!

Spannt seine Fäden
vom Pappelhof aus bis in die
fernsten Winkel

Tautropfen
funkeln
im Netz

Ein ganzes Jahr lang geübt:
das große Abschiednehmen

Schnee
werden wir atmen
im Antlitz der Berge

R.J.: 2, 4, 6 / C.M.: 1, 3, 5

Anmerkung:

Am 26. November 2020 wäre Professor Carl Heinz Kurz, der bereits vor
27 Jahren starb, 100 Jahre alt geworden. Dieser Privatgelehrte und Welten-
bürger, der alle Kontinente mehrfach bereiste, war zugleich ein literari-
scher Impulsgeber und Förderer junger Talente par excellence. Vor allem

aber hat er sich große Verdienste erworben durch die Einführung und Verbreitung der Kurz- und Partnergedichte nach japanischem Vorbild im gesamten deutschsprachigen Raum. Auch die Pflege der Kettengedichte (*Renga*) nach alten japanischen Traditionen war ihm stets ein besonderes Anliegen.

Nicht zuletzt hat er sich durch Mitwirkung in den beiden Verlagen seiner Frau Anna Helene Kurz (Verlag zum Halben Bogen und Im Graphikum) lange Jahre intensiv darum bemüht, der Veröffentlichung von Haiku, Tanka, Tan-Renga und längeren Kettengedichten wie Kasen und Hyakuin durch die Herausgabe vieler Anthologien eine Plattform zu bieten.

Ohne Zweifel kann er (neben Margret Buerschaper) als der Hauptinitiator der Deutschen Haiku-Gesellschaft e.V. betrachtet werden.

Wenn es auch in den letzten Jahren still um ihn und seine Werke geworden ist, so sollte dieses besondere Jubiläum seines 100. Geburtstages ein Anlass sein, an diesen „Deutschen Haijin" (wie ihn Margret Buerschaper in ihrem gleichnamigen Buch von 1988 nannte) zu erinnern und ihm die Referenz zu erweisen, was Rüdiger Jung und mir in Form dieses Rengay ein Anliegen war.

Wer sich näher über die Biografie und das Schaffen von Carl Heinz Kurz informieren möchte, der sei auf das Porträt verwiesen, das ich im Frühjahr 2018, als sich sein Todestag zum 25. Mal jährte, verfasste und das im SOMMERGRAS Heft 120 (März 2018; Seiten 30 bis 34) publiziert wurde.

Conrad Miesen

Sylvia Bacher

Hajo und Georg Jappe
Vater und Sohn – Haiku zwischen Plus und Minus

Hajo Jappe (1903–1988) war mit Imma von Bodmershof und ihrem Mann Wilhelm lebenslang befreundet. In dem Buch „Unter acht Winden" stellte er einige ihrer Werke vor und verfasste ein Vorwort mit ausführlicher Analyse der getroffenen Auswahl. Abschließend ging er auch kurz auf ihr im selben Jahr erschienenes Buch „Haiku" ein. Der Weg der Dichterin zum Haiku hatte sich, seiner Auffassung nach, bereits angekündigt, so u. a. in dem Roman „Sieben Handvoll Salz": „… und was sind die Gefäße, die eine Giliola (sic) formt, anderes als Haiku?"

Sohn Georg Jappe gab 1992 aus dem Nachlass seines Vaters die „Gesammelte Haiku" heraus. Im Vorwort zitiert Carl Heinz Kurz aus einem Brief Jappes:

> „Es ist schade, dass die Haiku-Liebhaber so wenig voneinander wissen. Die Altmeisterin dieser Art, Imma von Bodmershof, und ihr verstorbener Gatte, der s. Zt. den vorzüglichen Aufsatz über das Haiku geschrieben hat, wird Ihnen gewiss bekannt sein. Kaum aber, daß nach den dort aufgestellten wegweisenden Angaben ein kleiner Kreis von Haijin sich bemüht um diese Kurzgedichte im Deutschen. Sie sind ja *n i c h t* damit geschaffen, daß wir uns, in zwangloser Zählung und in natürlicher Sprechweise, lediglich an die – uns eigentlich fremde – Silbenzählung 5/7/5/ halten, sondern daß, vom <u>Bild</u> ausgehend, nicht ein bloßes Gefühl oder ein Gedanke oder ein Eindruck skizziert wird – vielmehr muß in der Spannung *<u>zweier Pole</u>*, in der Bewegung von einem zum anderen hin, eine *<u>Bedeutung</u>*, eine Transzendenz aufleuchten, *<u>die nicht ausgesprochen</u>* wird (im Unterschied zum Epigramm, Aphorismus etc.). Ohne diese geheime Hintergründigkeit, die der Leser zu meditieren hat, ist ein solcher Dreizeiler flach, raum- und hintergrundlos, eben un-bedeutend – kein echtes Haiku …"

Carl Heinz Kurz nahm dies zum Anlass, im Jahre 1988, drei Wochen bevor Hajo Jappe verstarb, gemeinsam mit Margret Buerschaper die Deutsche

Haiku Gesellschaft (DHG) zu gründen. Ihnen zur Seite standen als weitere Gründungsmitglieder Mario Fitterer und Conrad Miesen. Georges Hartmann, der mit Erika Schwalm (1941–2005) maßgeblich am Zustandekommen beteiligt war, hat über die Entstehungsgeschichte einen kurzweiligen Beitrag für das SOMMERGRAS, Nr. 121 verfasst: „30 Jahre DHG. Auf dem Weg in eine Gesellschaft, die mir eine zweite Familie wurde."

Hajo Jappes „Gesammelte Haiku" wurden, den Schaffensphasen entsprechend, vom Verleger in sechs Folgen gegliedert. Es sind fast durchweg traditionelle siebzehnsilbige Verse (Haiku und andere Dreizeiler), wirken jedoch nicht starr und langweilig. Dazu einige Beispiele:

Nahm nicht der Töpfer
das Gefäß von der Scheibe?
Noch immer kreist sie.

Keine Traube mehr!
Am Stock dörren die Blätter
bis der Frost sie pflückt.

Neugierige Knospen!
Wollt ihr durchaus wissen, wie
der Winter aussieht?

In die offne Hand
die den Vögeln Körner streut
fallen Schneeflocken

Eine Eidechse
schlüpft den Stamm hoch – erreicht sie
dort schon den Frühling?

Nicht immer gelang es Hajo Jappe, sich an die 17 Silben zu halten. Hier sind zwei Beispiele für Haiku mit 19 Silben:

Sturm riß den Ast ab
Nun verstreich ich des Stammes Wunde
gegen den Regen.

So achtlos zertritt
das Kind nun seine Sandburg
sieht nur ob der Papierdrachen steigt!

Georg Jappe beklagte in den Einleitungen zur 4. und auch zur 6. Folge mit den letzten Arbeiten von Hajo Jappe, dass durch die Überschwemmung des Westens, ja sogar Japans mit Haiku jeder auch noch so „unbedeutende sinnflache" Eindruck in der Natur „ohne Hintergrund und verschwiegen übergreifende Bedeutung" wiedergegeben werde, dass das sture Zählen der Silben die Sprache „auf Kosten von Komposition und Versbau, Rhythmus und Melodie" vergewaltige und dass ein wesentliches Merkmal des Haiku, nämlich die „angedeutete Wendung in die Transzendenz" oftmals vermisst wird und die Haiku somit zu „bedeutungslosen Naturimpressionen" verkommen.

Er konnte sich sehr wohl vorstellen, dass das echte Haiku im deutschsprachigen Raum ohne Kigo auszukommen, aber dessen ungeachtet Naturverbundenheit auszudrücken vermag. Bei den Versen seines Vaters unterschied er Haiku und haikuähnliche Kurzgedichte, die nicht immer alle Forderungen an ein Haiku, wie Naturbezug oder Kigo, erfüllten, 17-silbige Dreizeiler, die persönlicher, gefühlsbetonter, auch gedanklich belastet waren. Das Wort Senryu fällt noch nicht.

Hajo Jappe gab seine Sehnsucht nach der Natur und den Bergen in seinen Haiku weiter, aber er hatte erkannt, dass das Haiku offen zu sein hat für die Interpretationen und Sehnsüchte der Leser:

Durch Morgengrauen
flitzen Schwalben. Die ersten
Fenster öffnen sich.

Blau ist der Himmel
die Schwalben aber schwirren
in den Schächten der Straßen.

In diesem Gespräch
tropften Worte die mich noch
durstiger machen.

Georg Jappe (1936–2007), dessen Werk Lyrik, visuelle und akustische Poesie, Essays und Landschaftsbücher umfasst, kam bereits als Vierzehnjähriger zum Haiku, als Wilhelm von Bodmershof ihm Anna von Rottauschers „Gelbe Chrysanthemen" schenkte.

2005 veröffentlichte Georg Jappe „Aufenthalte. Ein Haibun" (Matto Vgl.). Dazu gibt es eine ausführliche Rezension von Mario Fitterer (1937–2009) in SOMMERGRAS 72.

Sein „Haikubuch" ist ein ungewöhnliches und spannendes Buch, das den Leser an seiner Entstehung, d. h. an den Schreibvorgängen des Autors, teilhaben lässt. So sind Kopien von diversen Rechnungen, Fahrplanseiten, Zeitungsausschnitten etc., ja sogar von getrockneten Blättern wiedergegeben, auf denen Georg Jappe seine Haiku notiert hatte. Den gedruckten Haiku auf den geraden Seiten sind die handschriftlichen Kopien auf den ungeraden Seiten gegenübergestellt.

Auch bei dem Haiku-Konvolut seines Handexemplars sind den gedruckten 177 Haiku die korrespondierenden handschriftlichen gegenübergestellt und mit Überschrift (oder Stichwort?) in einem Inhaltsverzeichnis angeführt.

Von Georg Jappes zwischenzeitlicher Tätigkeit als Vogelwart zeugen nicht nur viele Haiku, die Vögel zum Thema haben, sondern auch ein Index mit Auflistung der in den Haiku erwähnten Vögel.

Der Sumpfrohrsänger
Im Windbruch unter
der Einflugschneise
in dutzend Sprachen spottend

Die Sumpfohreule (gesträubt)
und ich (durchs Fernglas)
haben (auf uns) ein Auge

Die Haiku von Georg Jappe sind lebendig, auch unkonventionell, ignorieren oftmals die traditionellen Vorgaben. In einer Art Nachwort zu seinem „Haikubuch" legte er dar, was ihm beim Haiku wichtig war: einerseits Rhythmus und andrerseits Spannung, die sich aufbaut – wie zwischen zwei elektrischen Polen:

> „Am Haiku interessiert mich besonders: zwei Bilder treten in Spannung, die in einem dritten aufgehoben wird (aber nicht aufgelöst); mitunter, besonders schwierig, sind es auch bildlose Bewegungen und Klänge. Der Vorgang ist dem der Elektrizität exakt analog, zwischen den Polen **Plus und Minus** entsteht ein Stromstoß dann, wenn jemand den potentiellen Kontakt vollzieht.
>
> Dieser Jemand ist der aktive Leser, aktiv wie der Hausmusiker, der Partituren nicht nur liest, sondern probt. Nicht Impression noch Aha-Effekt, sondern Nachwirkung ist das erste Kriterium für ein Haiku."

Mit diesen Erwartungen an das Haiku schließt er sich den Worten Wilhelm von Bodmershofs an:

> „Alle diese Gedichte gehen vom **Bild** aus …
> Das zweite wesentliche Bauelement des japanischen Haiku ist die **Bewegung** …
> Diese Bewegung empfängt ihren Anstoß aus dem dritten Bauelement, nämlich der Spannung zwischen zwei in das Gedicht eingebauten **Polen**. Dies wird besonders spürbar, wo die zwischen den Polen verlaufende Bewegung nicht geradlinig von Pol zu Gegenpol geht, sondern sich innerhalb des Gedichtes wendet.
> Diese fast handwerklichen Mittel allein genügen jedoch nicht. Entscheidend ist der im Haiku **verborgene Sinn**.“

Quellen:
- Bodmershof, Imma: Unter acht Winden. Eingeleitet und ausgewählt von Hajo Jappe.
- Das österreichische Wort, Band 106. Stiasny, Graz und Wien, 1962.
  Bodmershof, Wilhelm: Studie über das Haiku. In: Bodmershof, Imma: Haiku. Albert Langen, Georg Müller, München 1962.
- Jappe, Hajo: Haiku. Herbert Post Presse, München o.J.
- Jappe, Hajo: Die längeren Haiku der Ausgabe von Langen-Müller 1962, verkürzt auf 17 Silben 1975: ein Vergleich. In F. Shohen (Hrsg): Löwenzahn. Die auf 17 Silben verkürzten Haiku von Imma v. Bodmershof. Itadori-Hakkosho, Matsuyama 1979.
- Jappe, Hajo: Gesammelte Haiku. Graphikum, Göttingen 1992.
- Jappe, Georg: Haikubuch. Horst Nibbe, Köln 1981.
- Jappe, Georg: Handexemplar. Ein Konvolut Haiku. Kleinheinrich, Münster 1993.
- https://deutschehaikugesellschaft.de/wp-content/uploads/2018/07/Vorabartikel.pdf
- https://www.deutschehaikugesellschaft.de/files_doc/72-Fitterer_2.pdf)

Claudia Brefeld

Jim Kacian

James Michael Kacian wurde am 26. Juli 1953 in Worcester (Massachusetts) geboren und verbrachte seine Kindheit im nahe gelegenen Gardner. Später ging er dann nach London, Bridgton (Maine) und Nashville (Tennessee). Heute wohnt er in Winchester, Virginia.

Schon in den Teenager-Jahren schrieb er Gedichte, die zum Teil in kleinen Lyrik-Zeitschriften publiziert wurden. Später studierte er englische Literatur, Musiktheorie und Komposition. Kacian spielte in den 1970er Jahren professionell Tennis und gab mehr als vier Jahrzehnte lang Profi-Tennis-Unterricht. Zu seinen Lieblingsbeschäftigungen zählt das Meereskajakfahren. Er ist außerdem ein publizierter Autor von „langen" Gedichten und Belletristik.

In Nashville (Zentrum der Country-Musik und deswegen auch Music-City genannt) begann er dann in den 1980er Jahren, Lieder zu schreiben, aufzunehmen und zu verkaufen.

Nach seiner Rückkehr nach Virginia 1985 entdeckte er das englischsprachige Haiku für sich.

Im Laufe der Jahre wurde er zum Verfechter des globalen Haiku, und so mündete sein Engagement im Jahre 2000 in eine Reise, die ihn buchstäblich um die ganze Welt führte, indem er neun Länder auf drei Kontinenten bereiste: Großbritannien, Slowenien, Mazedonien, Bulgarien, Rumänien, Malaysia, Neuseeland, Australien und Japan. Er half bei der Gründung mehrerer nationaler Haiku-Organisationen und lud Haiku-Dichter*innen aller Welt ein, Haiku einzureichen. Im Jahr 2001 stellte Kacian dann die Ausgabe Frogpond XXIV:1 zusammen, in der Haiku aus 24

Ländern vorgestellt wurden. 2005 begann Kacian mit Vorbereitungen für „The Haiku Foundation", einer gemeinnützigen Organisation (offizielle Gründung 6. Januar 2009), deren zweiteilige Mission darin besteht, „unser erstes Jahrhundert des englischsprachigen Haiku zu archivieren und seine Möglichkeiten für unser zweites Jahrhundert auszuweiten".

Über Absicht und Zweck des Haiku-Schreibens brachte es Kacian in einem Gespräch mit Dietmar Taucher („Gehorcht der Muse" auf haiku-heute.de) sehr persönlich auf den Punkt:

> „Ich werde durch das Schreiben immer wieder an die Kraft der Verbindung mit den Lesern erinnert. Wie oft wurden wir nicht alle von einem Buch inspiriert, einem Kapitel, einem Gedicht, manchmal von einem einzigen Satz oder einer einzigen Formulierung, gehaltvoll genug, um unsere Lebensführung zu ändern? Mein Ziel ist, die Themen, die mir am wichtigsten erscheinen (und tatsächlich oft kleine Dinge sind), so genau und klar und mit dem mir bestmöglichen Stil auszudrücken zu versuchen. Wenn ich diesem Streben und dieser Beschäftigung folge, berühre ich das Leben und das Denken anderer, je mehr, desto besser. Welchen Nutzen die anderen aus meiner Arbeit ziehen, kann ich mir nicht vorstellen; aber das ist die Art wie Kultur wächst, und ich bin gewillt, meinen Teil beizutragen."

Mit seinem Engagement und Gespür für neue Trends hat er maßgeblich zur Verbreitung des Haiku im englischsprachigen Raum beigetragen, in zahlreichen Essays das Haiku beleuchtet und sich als Kritiker und Übersetzer einen Namen gemacht. Seine Aktivitäten spiegeln sich in der großen Bandbreite vom amerikanischen Haiku-Dichter, Herausgeber, Verleger, öffentlichen Redner bis hin zum Organisationsgründer wider, immer verbunden mit seiner Weltoffenheit und dem Interesse an anderen Kulturen. Sein Ziel, die universellen Wahrheiten des Haiku weiterzugeben und dadurch zur Völkerverständigung beizutragen, führte dazu, dass er vieles in Sachen Haiku auf den Weg brachte.

Besonders zu erwähnen sei an dieser Stelle, dass Kacian seit 40 Jahren visuelle Kunst produziert. Daher ist es nur naheliegend, dass er immer wieder auf viele verschiedene Arten versucht, sie mit dem Haiku zu kombinieren. Und so kann er in gewisser Weise mit Fug und Recht behaupten, das Genre Video-Haiga erfunden zu haben. Seine Arbeit Clouds (2012) ist das wahrscheinlich erste Video-Haiga, das öffentlich gezeigt wurde.

Last but not least: Er war maßgeblich an der Etablierung des Haibun als wichtiges Element der Haikai-Tradition außerhalb Japans beteiligt und machte sich (zusammen mit anderen) noch in diesem Jahr dafür stark, dass „Contemporary haibun online" weitergeführt werden konnte.

Zusammenfassend:

1993
Herausgabe der Haiku-Zeitschrift South by Southeast (1993–1997)
Gründung von Red Moon Press, heute der größte und renommierteste Verlag für Haiku und haikubezogene Bücher außerhalb Japans. Sein aktueller Katalog bietet über 250 gedruckte Titel an. Red Moon Press bringt jedes Jahr eine Reihe neuer Titel heraus, darunter seine in 22 aufeinanderfolgenden Jahren mehrfach preisgekrönte jährliche Red Moon Anthology.

1997
Kacian übernimmt die Herausgeberschaft von Frogpond, der internationalen Zeitschrift der Haiku Society of America (1997–2004).

1999
Mitbegründer der World Haiku Association

2009
Gründung von „The Haiku Foundation"

Bücher, die Kacian herausgegeben und/oder veröffentlicht hat, wurden bei mehr als vierzig Gelegenheiten mit dem Merit Book Award (Haiku Society of America) ausgezeichnet.

Als Autor hat er mehr als zwanzig Bände veröffentlicht, hauptsächlich von oder über Haiku, wie zum Beispiel seine neuesten Werke:

- palimpsest (Red Moon Press, 2011) ISBN 978-1-936848-05-8
- a primer of organic form (Red Moon Press, 2013)
  ISBN 978-1-936848-31-7
- after/image (Red Moon Press, 2017) ISBN 978-1-947271-03-6

Mehrere dieser Bücher zählen mit zu den besten Sammlungen, die je in diesem Genre zusammengestellt wurden, und haben das Schreiben wie auch das Studium des Haiku stark beeinflusst.

Kacian konzipierte auch das maßgebliche Werk in diesem Bereich, „Haiku in English: The First Hundred Years" (Norton, 2013), und fungierte als Chefredakteur dieses Werkes, zu dem er einen umfassenden Überblick und die Geschichte des Genres beisteuerte. „Haiku in English" ist die erste Anthologie, die das gesamte Spektrum des Haiku in der englischen Tradition abbildet, und gilt als die perfekte Sammlung dieses sparsamen und eleganten Genres.

Seine Haiku sind nicht nur in zahlreichen Anthologien vertreten, sie wurden auch in mehr als fünfzig Sprachen auf der ganzen Welt übersetzt, zudem hat er jeden größeren Haiku-Wettbewerb in englischer Sprache mindestens einmal gewonnen.

Zwei seiner Gedichte wurden jeweils auf einen Stein entlang des Haiku-Pathway neben dem Uretara-Fluss in Katikati, Neuseeland eingeritzt:

clouds seen	Wolken gesehen
through clouds	durch Wolken
seen through	durchgesehen

a breeze and my mind on to other things

        eine Brise und meine Gedanken zu anderen Dingen

Es erübrigt sich fast schon zu erwähnen, dass Kacians Gedichte, Artikel und Buchbesprechungen in allen größeren (und vielen kleineren) Zeitschriften, Magazinen und Zeitungen, in denen englischsprachige Haiku vorkommen, erschienen sind.

36

dead reckoning	genaue Berechnung
the moment	der Moment
the tide	in dem die Flut
reverses	umkehrt

just past mauve   paddling hard for a dark shore

Hellviolett gerade vorbei   heftiges Rudern zur dunklen Küste

whisky i sip it till it loves me   Whisky ich schlürfe ihn bis er mich liebt

Und noch einige weitere Haiku:

rolling thunder   Donnergrollen
the deeper darkness   die tiefere Dunkelheit
of distance   der Entfernung

at the end of Lent the taste of you

        am Ende der Fastenzeit der Geschmack von dir

campfire out   das Lagerfeuer erloschen
we are only voices   wir sind nur Stimmen
in the night   in der Nacht

dusklight –   Abenddämmerung –
I read her poem   Ich lese ihr Gedicht
differently   anders

visiting home –	das Zuhause besuchen –
in my childhood bedroom	im Schlafzimmer meiner Kindheit
the same shadows	die gleichen Schatten
monastery –	Kloster –
the chapel door opens	die Kapellentür öffnet sich
inward	nach innen
the voices I hear	die Stimmen, die ich höre
aren't talking to me	sprechen nicht mit mir
spring twilight	Frühlingsdämmerung
windy day i think in music	windiger Tag ich denke in Musik
city morning	morgens in der Stadt
a crane lifts its shadow	ein Kranich hebt seinen Schatten
up the wall	die Wand hinauf
twilight	Dämmerung
me slowly pouring	mein langsames Strömen
into the not-me	in das Nicht-Ich

HaiQ

von Claudia Brefeld und Thomas Opfermann
Wir freuen uns auf Ihre Beiträge. Bitte an: haiq@haiku.de.

Loretta Gaukel experimentiert in ihrer Zusendung nicht innerhalb eines
Haiku, sondern vielmehr in der Anordnung mehrerer Haiku zu einer, wie
sie es bezeichnet, „Kürzestgeschichte":

Kürzestgeschichte
– ein Experiment –
1.
Orchester spielt auf
Tango brasileiro – du
verneigst dich vor mir.
2.
Das Orchester spielt
Tango wie einst – du tanzst mit
einer anderen.
3.
Jetzt spielt
Das Orchester den Tango an
deinem Grab.

Handelt es sich hierbei noch um Haiku? Oder um eine Kettendichtung?
   Diese Idee aufgreifend wäre z. B. ein Jahreszeiten-Zyklus denkbar, d. h.
vier Haiku, jeweils mit der Thematik einer Jahreszeit; das Ganze von der
Anordnung her der jahreszeitlichen Anordnung in einer „klassischen"
Haiku-Sammlung angelehnt …
   Wie sehen Sie diesen Ansatz? Wir freuen uns auf Ihre Beiträge hierzu!

Auch Birgit Heid hat sich mit weiteren experimentellen Haiku beschäftigt; neben der Verwendung von Anglizismen sticht hier insbesondere die ausschließliche Reduzierung auf Satzzeichen hervor:

Hold the line
sie setzt an
zum Salto

Black out!
ich werfe die Fliege
aus dem Fenster

Männer und Bootsrouten und Sturmwellen und
eine Kapitänin

(dieses bezieht sich auf das bekannte Avenidas-Gedicht von Eugen Gomringer und dreht quasi den Geschlechterspieß um)

? ?
 !
~~

(dieses ist in Zeile a und b die knappste Form der Kommunikation unter Menschen, die sich gut verstehen. c ist die daraus folgende Handlung, bzw. es tritt Harmonie ein, nachdem ein Thema geklärt wurde)

Eva Beylich bringt einen eher lyrischen Aspekt in das Haiku ein. Entspricht es aus Ihrer Sicht noch den typischen Merkmalen: Nüchternheit, Sparsamkeit, Einfachheit?

Mein innovatives, leicht „celanisiertes" Haiku:

Grauwehendes haart
durch verastete Stämme
Eispfotenknirschen

Auch das Thema „Neologismus", d. h. die Verwendung von „Wortneuschöpfungen" oder erst in jüngster Vergangenheit in den Duden aufgenommener Begriffe kann ein weites Betätigungsfeld ergeben: Kopfkino, Mütterrente, Fair Trade, Veggie, Low Carb, polysportiv, tindern, Flüchtlingskrise, Schmähgedicht lassen sich schon im Duden finden.

Dann gibt es natürlich die Bereiche Digitalisierung („googeln" ist ja schon lange gang und gäbe) und Klimawandel. Zwei Themen, die durchaus Wortschöpfungen mit sich bringen: Social Bot, Darknet, Tablet, Emoji, Klickzahl, bienenfreundlich, Flugscham, Friday For Future, Klimanotstand.

Aber auch Geisterspiel, Lockdown, Herdenimmunität, Cisgender und Gendersternchen sind ebenfalls schon im Duden aufgenommen. Weitere sprachliche Errungenschaften wären Alltagsrassismus, rechtsterroristisch, Hatespeech, Drohnenangriff.

Und wer kennt nicht „helikoptern" oder „alternative Fakten"!

Hat Sie der eine oder andere Begriff inspiriert?

Wir möchten dieses Thema ausdrücklich aufgreifen und Sie einladen, uns Haiku mit Neologismen und/oder erst kürzlich in den Duden aufgenommenen Wörtern zu senden: haiq@haiku.de

Eine Auswahl werden wir in der kommenden Ausgabe abdrucken.

Kennen Sie Scifaiku?

Das Wissen um technische Möglichkeiten und zukünftige Entwicklungen haben schon immer die Fantasie des Menschen beflügelt, in der stets auch ein wenig Hoffnung, Sehnsucht und Ängste mitschwingen. So gesehen kann man sagen, dass sich Science-Fiction durch ein oder mehrere Elemente auszeichnet, die in unserer ‚normalen' Alltagswelt nicht möglich erscheinen. Sie sind wissenschaftlicher Natur oder werden wissenschaftlich erklärt und zumindest in der Vorstellungskraft könnten sie eines Tages prinzipiell möglich sein.

Und die Anfänge der Science-Fiction? Wahrscheinlich war die Entwicklung des Fernrohrs der Startschuss für Geschichten und Träumereien rund um Weltall und Mond.

Minimalismus und Unmittelbarkeit bilden die Basis, auf der das Scifaiku sich den Science-Fiction-Themen widmet, wobei es sowohl die Astronomie als auch die spekulativen Bereiche Fantasy und Horror streift. Es gilt, einen Moment durch Bilder, Töne und Gerüche einzufangen und den Leser so direkt in eine Szene hineinzuziehen, dass seine Fantasie sie weiterentwickeln kann. Metaphern und Allegorien findet man eher selten.

Wer mag, kann sich zum Beispiel auf http://www.scifaiku.com/ (Website von Tom Brinck) ein wenig einlesen und selbst einmal ein Scifaiku kreieren. Dann schicken Sie es uns zu!

dew	Tau
behind the glass eye	hinter dem Glasauge
of the android soldier	des Android-Soldaten

    Tom Brinck

Haiga: Christof Blumentrath

Auswahlen

Die Haiku- und Tanka-Auswahl Dezember 2020

Es wurden insgesamt 266 Haiku von 97 Autoren und 56 Tanka von 24 Autoren für diese Auswahl eingereicht. Einsendeschluss war der 15. Oktober 2020. Diese Texte wurden vor Beginn der Auswahl von mir anonymisiert.

Jedes Mitglied der DHG hat die Möglichkeit, eine Einsendung zu benennen, die bei Nichtberücksichtigung durch die Jury auf einer eigenen Mitgliederseite veröffentlicht werden soll.

Eingereicht werden können **nur bisher unveröffentlichte Texte** (gilt auch für Veröffentlichungen in Blogs, Foren, inklusive die Foren auf HALLO HAIKU, sozialen Medien und Werkstätten etc.).

Bitte keine Simultan-Einsendungen!

Bitte **alle** Haiku/Tanka **gesammelt in einem Vorgang** in das Online-Formular auf der DHG-Webseite HALLO HAIKU selbst eintragen:

https://haiku.de/haiku-und-tanka-auswahl-einreichen/

Ansonsten per Mail mit Stichwort **Haiku/Tanka-Auswahl 15. 1. 2021** im Betreff bitte an:

auswahlen@deutschehaikugesellschaft.de

Der nächste Einsendeschluss für die Haiku-/Tanka-Auswahl ist der **15. Januar 2021.**

Jeder Teilnehmer kann bis zu **sechs** Texte – **drei** Haiku und **drei** Tanka – einreichen.

Mit der Einsendung gibt der Autor/die Autorin das Einverständnis für eine mögliche Veröffentlichung in der Agenda 2022 der DHG und auf http://www.zugetextet.com/sowie für eine mögliche Vorstellung auf der Website der Haiku International Association.

Haiku-Auswahl der HTA

Die Jury bestand aus Birgit Heid, Kerstin Hirsch und Jonathan Perry. Die Mitglieder der Auswahlgruppe reichten keine eigenen Texte ein.

Alle ausgewählten Texte – 47 Haiku von 42 Autoren – werden in alphabetischer Reihenfolge der Autorennamen veröffentlicht. Es werden maximal zwei Haiku pro Autor aufgenommen.

„Ein Haiku, das mich besonders anspricht" – unter diesem Motto besteht für jedes Jurymitglied die Möglichkeit, bis zu drei Texte auszusuchen (noch anonymisiert), hier vorzustellen und zu kommentieren.

Da die Jury sich aus wechselnden Teilnehmern zusammensetzen soll, **möchte ich an dieser Stelle ganz herzlich alle interessierten DHG-Mitglieder einladen, als Jurymitglied bei kommenden Auswahl-Runden mitzuwirken**.

Eleonore Nickolay

Ein Haiku, das mich besonders anspricht

Hotelgeräusche.
In der Wiege des Atems
ein Schmetterling.
Volker Friebel

In diesem Haiku passiert viel. Drei Bilder sind ja eigentlich zu viel. Hier ist jemand unterwegs, weiter weg von daheim. Die fremde Umgebung sorgt auch im Inneren für eine gewisse Unruhe, viele Eindrücke beschäftigen die Person, manche hat sie sicherlich auch von zu Hause mitgebracht. Zunächst sind für den Gast die Hotelgeräusche erwähnenswert, sie können nicht verdrängt werden und scheinen das Wohlbefinden zu beeinträchtigen. Ob es ein Urlaubs- oder ein arbeitsbedingter Hotelaufenthalt ist, kann ich nicht beurteilen. Manchmal muss man ja auch während des Urlaubs arbeiten.

Ich stelle mir vor, dass die Person aufgrund der Störung ins Freie geht oder eine Meditation beginnt, denn der Punkt nach den Hotelgeräuschen vermittelt mir eine Schnittstelle. Draußen und ebenso in den Gedanken kehrt allmählich Ruhe ein, die ersehnte Stille und Langsamkeit. Der Atem wird spürbar. So intensiv, dass er als Wiege empfunden wird. Ein Bild für ein leichtes Auf und Ab des Brustkorbs, ein sanftes Schaukeln des Beckens wie bei einer Wiege. Eine Meditationsübung, die vielleicht in der Nähe eines welligen Sees oder wogenden Meeres durchgeführt wird. Ein Atmen, das durch den ganzen Körper fließt. Und nun flattert ein Schmetterling daher. Scheinbar unbekümmert und nur seinen Bedürfnissen folgend. Obwohl er möglicherweise eine Unterbrechung der Versenkung darstellt, erlebt die Person bei seinem Anblick eine kontemplative Einheit von sich und eben diesem Schmetterling, dem sie ruhig atmend hinterhersieht.

Ausgesucht und kommentiert von Birgit Heid

vom Wind getrocknet
die Schatten der Bäume
auf den Betttüchern
Ingrid Meinerts

Dieses Haiku hat mich besonders angesprochen. Vom Wind getrocknet, das bedeutet für mich weiße, flatternde Wäsche, da verbindet sich in meinen Augen das Gleißen der Sonne mit dem Leuchten der Textilien. In der Nähe des Grundstücks stehen Bäume, die wohl deutliche Schatten werfen, weil der Sommer vorbei ist und die Sonne schon tiefer steht. Vielleicht ist man in Sorge, die Wäsche könnte bis zum Abend nicht mehr trocken werden. Doch siehe da, die Kraft der Sonne reichte aus. Bis dahin ein banaler Vorgang, könnte man meinen. Nicht der Rede wert, dass man Wäsche waschen, aufhängen, abhängen und wieder in die Schränke legen muss. Man macht es nebenbei, wie eben Zeit dafür ist. Reine Notwendigkeit, manchmal eine leidige Angelegenheit, führt sie doch zu keinem besonderen

Wohlgefühl und ist nicht das Ergebnis der eigenen Kreativität. Und dennoch: Hier wird das Unbedeutende so wunderbar hervorgehoben und gewürdigt, sodass mich das Bild der Baumschatten auf der Wäsche tagelang noch berührt hat. Vielleicht ist die Wäsche an diesen Stellen sogar noch feucht. Es sind die kleinen Entdeckungen, die erst durch genaues Hinsehen und Achtsamkeit gegenüber unseren alltäglichen Selbstverständlichkeiten möglich werden. Es sind vergängliche Naturerscheinungen, die, im rechten Licht betrachtet, uns Reichtum und Fülle schenken können. Überdies lässt mich dieses Haiku an das Höhlengleichnis von Platon denken, wonach wir Menschen im Grunde genommen nur die Schatten der eigentlichen Urbilder oder Ideen sehen. Diesen philosophischen Betrachtungen nachzugehen, kann weitere Türen der persönlichen Bereicherung öffnen. Insofern hat das Haiku einen sehr weiten Bogen geschlagen.

Ausgesucht und kommentiert von Birgit Heid

im Hospiz
wieder ein Morgen Mittag
Abend vielleicht

Gregor Graf

Ein in freier Form verfasstes Haiku, das ohne das Stilmittel der zwei scheinbar entgegengesetzten Bilder auskommt.

Meine erste Wahrnehmung: Die konkrete Benennung und Aufzählung der Tageszeiten wirken wie das Ticken einer Uhr. Gewiss ist, dass diese Uhr in absehbarer Zeit stehenbleiben wird. Ungewiss ist das Wann. Bei wiederholtem Lesen löst sich diese Taktung allerdings wieder auf. Morgen, Mittag und Abend scheinen durch das Fehlen der Interpunktion ihre Grenzen zu verlieren und ineinanderzufließen. Sie verbinden sich zu einem gegenwärtigen Moment, einem Schwebezustand zwischen Erleichterung oder Schmerz, Trauer oder Enttäuschung und Bangen, Ungewissheit oder Hoffen. Es sind die Wörter „wieder" und „vielleicht", die das Haiku offenhalten. Es vervollständigt sich durch die Erfahrungen und die emotionale Welt des Lesers/der Leserin. In welchem emotionalen Zustand sich der Schreiber/die Schreiberin befindet, ist nicht zu ergründen. Beim Herausarbeiten der Deutungsmöglichkeiten, welche Emotionen sich hinter „wieder" und „vielleicht" verbergen können, stellte sich mir immer wieder die Frage: Darf man so denken und fühlen? Darf ICH so denken und fühlen? Eine Herausforderung, verursacht von 14 Silben.

Ausgesucht und kommentiert von Kerstin Hirsch

Mariä Lichtmess
die Krähe
verlässt ihren Ast
Eva Limbach

Was mich an diesem Gedicht sofort begeistert hat, war der Klang, das Krächzen der Krähe, das in jeder Zeile wiederkehrt. Beim genaueren Hinhören fiel mir aber auf, wie hinter den offensichtlichen, sich in den Vordergrund drängenden Lauten, die lichteren durchzuschimmern begannen, ist da doch, in jeder Zeile wieder, dieses Aufwärtsstrebende, das sich dann – mühelos und als könnte es nicht anders sein – in Wohlgefallen oder wenigstens in eine Art von Erleichterung auflöst. Es stimmt zwar, dass beinah jedes Gedicht erst durchs laute Lesen zur vollen Entfaltung kommt. Bei diesem hier aber möchte ich mit unbedingtem Nachdruck empfehlen, es so langsam und deutlich wie möglich nachzusprechen, vielleicht sogar im salbungsvollen Ton vergangener Zeiten: Dieses Haiku ist für mich allem voran eine unglaublich dichte Melodie, ein ganzes Musikstück eigentlich, ein Lied vielleicht. Ich kann schwer genug davon bekommen, ich sage es mir immer wieder auf, mit jedem Mal wird das Klangbild, wie ich es gern nennen mag, intensiver … Aber genug davon. Schließlich kam mir die Idee, ich könnte ja einmal nachschauen, was so zu Mariä Lichtmess (übrigens ein volkstümlicher Begriff) geschrieben steht. Ich selber kenne mich nämlich leider sehr wenig aus mit dem Brauchtum. Leider, weil ich oft genug schon gefühlt habe, dass mir da etwas entgeht. Vielleicht zieht mich dieses Haiku auch deshalb so an? Mag sein. Was das Mariä Lichtmess im Gedicht betrifft, gäbe es jedenfalls genügend Deutungsmöglichkeiten, genügend Interpretationsspielraum, dass ich bis in die frühen Morgenstunden noch hier sitzen könnte und rätseln, und ich würde doch zu keinem Ende kommen. Das ist meine Sache nicht, wer will, kann sich ja die Mühe machen und recherchieren. Da würde man vielleicht etwas lesen von früher, von einem Knecht und seinem Herrn, dass die beiden mit einem Handschlag das Arbeitsverhältnis erneuerten zum Beispiel … Aber ich mag gar nicht so sehr darauf eingehen, dazu ist mir dieses Gedicht zu lieb, mir reicht, dass da etwas ist, etwas, das mich wieder und wieder hineinzieht in seinen Bann, und es kann freilich auch sein, dass es bloß die Musik ist, aber das wäre schon viel. Ein Haiku, das ich kaum vergessen werde.

Ausgesucht und kommentiert von Jonathan Perry

Die Auswahl

Winterabende –
um unsere Schultern
Großmutters Stola
Ellen Althaus-Rojas

hatschi –
der Sitznachbar zieht
seine Maske stramm
Winfried Benkel

ein Gegenwind weht
Wellen in die Gesichter
der letzten Schwimmer
Eva Beylich

Krankenhausfenster
eine Sternschnuppe
fällt
Christa Beau

Wärmestrahler
ins Beisammensein schleicht sich
ein kühler Gedanke
Winfried Benkel

Bettlektüre
zwischen den Seiten
knirscht Sylt
Christof Blumentrath

Froschlaich
Kind an Kind an Kind
am Ufer
Marcus Blunck

nach dem Buddha-Museum
in jedem Gesicht
sein Lächeln …
Claudia Brefeld

Lesebändchen
ich hangle mich
zum tröstenden Wort
Stefanie Bucifal

wo die Augen wären
die blinde Stelle
im Spiegel
Frank Dietrich

Sommerregen
lachend läuft das Kind
durch die Blumenwiese
Hildegard Dohrendorf

Bunkerberg –
mein Junge zeigt
auf die Blumen im Baum
Gerd Börner

beim Müllraustragen
nachdenken
weshalb sie ging
Horst-Oliver Buchholz

tiefblauer Himmel
in meinen Gedanken
Munchs Schrei
Maya Daneva

Ginkgo im Herbstkleid
ein Straßenmusiker
stimmt seine Geige
Hildegard Dohrendorf

Mineralienbörse
der Tausch von
Geschichten
Bernadette Duncan

blümchenmaske die schönheit der gesten
Bernadette Duncan

hoch oben
lächeln die drachen
auf uns herab
Hans Egerer

Die Speisekarte
per Code auf dem Handy
Kein Blattsalat
Gabriele Flacke

Gartenzaun
in die Gesprächspause fällt
ein Apfel
Gisela Farenholtz

Hotelgeräusche.
In der Wiege des Atems
ein Schmetterling.
Volker Friebel

Schneemond.
In meinem Zimmer die Wärme
aufblühender Kirschen.

Volker Friebel

im Hospiz
wieder ein Morgen Mittag
Abend vielleicht

Gregor Graf

im Rollstuhl
der Wunsch nach
einem Du

Matthias Gysel

„zu!", ruft der enkel –
das aufgeschlagene buch
eine steinskulptur

Bernhard Haupeltshofer

Er + Sie …
die Tonfiguren
neu aufstellen

Angelika Holweger

Septembersonne
Plötzlich zu zweit
auf dem Balkon

Deborah Karl-Brandt

Der einzige Baum
in der Straße – voll Blüten.
Ein Hund hebt das Bein.

Moritz Wulf Lange

Hausordnung
Die Traumfragmente morgens
zusammenkehren

Hans-Jürgen Göhrung

In der nacht wird es schneien
heimweh
und immer mehr heimweh

Claus-Detlef Großmann

Winterabend
unsere Lieder gleichen
sich an

Gabriele Hartmann

Nebelverhangen
der Kopf
voller Geister

Martina Heinisch

Blütenblätter fallen
Fast vergessen
die Pandemie

Deborah Karl-Brandt

verklingende schritte
in der tür
sternenlicht

Michaela Kiock

Auf den Heuwagen
dürfen beim Erntefest nur
die Einheimischen.

Moritz Wulf Lange

Dreikönigstag
in meinem Kalender
erste Korrekturen

Eva Limbach

früher abschied …
wir haben einander
allzeit gesiezt

Ramona Linke

Still ist's geworden - - -
ob sie noch einmal erwacht,
die Puppenbühne

Heidelore Raab

Pandemiebeschlüsse
in den Spätnachrichten
der Wirt stellt die Stühle hoch

Wolfgang Rödig

die löcher
in ihrem tag
sommers ende

Helga Stania

Der Findling im
Abendlicht wieder besetzt
vom Feuerkäfer

Angela Hilde Timm

Mariä Lichtmess
die Krähe
verlässt ihren Ast

Eva Limbach

vom Wind getrocknet
die Schatten der Bäume
auf den Betttüchern

Ingrid Meinerts

Begegnung
Auf der Hängebrücke
Jeder für sich

Renate Maria Riehemann

Regen
die ganze Nacht
seine Lebensbeichte

Boris Semrow

herbstallee
ein habicht hebt
das licht

Helga Stania

Herbst
im alten Ballsaal
tanzen Blätter

Friedrich Winzer

Tanka-Auswahl der HTA

Silvia Kempen und Peter Rudolf wählten 7 Tanka von 6 Autoren aus. Es werden maximal zwei Tanka pro Autor aufgenommen.
Unter dem Motto, „Ein Tanka, das mich besonders anspricht" wird dieses Mal kein Text besprochen.

Die Auswahl

jenseits der letzten Häuser
liegt ein menschenleerer Wald
ich ahne, dass mein Pfad
sich irgendwann
darin verlieren wird

Frank Dietrich

das mädchen legt
kastanien
und ihr lächeln
in opas hände …
ein auto hupt

Ruth Guggenmos-Walter

nichts
versprach ich mir
von meinem Besuch
doch nun serviert er Tee
aus Kaffeeblüten

Gabriele Hartmann

… das mag ja sein
sagt der Kleine
zur großen Schwester
aber m e i n e n Nikolaus
gibt es wirklich

Gabriele Hartmann

Kein Urlaubsgruß
in diesem Jahr
du bist gegangen
die Stille
lässt auch mich schweigen

Renate Küppers

nach dem Lockdown
die Bank unter den Linden
frisch gestrichen …
und wieder zündet er sich
die letzte Zigarette an

Eva Limbach

Ich tanze
zur ersten Seite der Platte
Altersleiden
entdecke ich täglich
auf Vinyl

Anna Vriede

Sonderbeitrag von René Possél

René Possél hat aus allen anonymisierten Einsendungen ein Haiku ausgesucht, das ihn besonders anspricht.

Gartenzaun
in die Gesprächspause fällt
ein Apfel

Ganz gemächlich und bedächtig kommt dieses Haiku daher. Wenn man bei den einzelnen Stichworten etwas verweilt, nimmt man einen Charakter von Entschleunigung wahr ...

Das Stichwort „Gartenzaun" in der ersten Zeile weckt ein Bild. Es ist die Grenze zweier benachbarter Gärten und die Situation von Nachbarn, die beide offenbar gärtnern. Noch mehr nutzen sie in dem Falle die Gelegenheit, gemütlich zu plaudern. (zweite Zeile)

Das Gespräch muss eines sein, in dem nichts Besonders gesagt wird und in dem auch längere Pausen nicht stören – im Gegenteil.

Zum Ende der zweiten Zeile hin wird etwas Spannung aufgebaut. Was mag es sein, das in die Pause des ruhigen Gespräches fällt? Die Auflösung „ein Apfel" macht deutlich, dass dieses Gespräch und seine Pausen offen sind für das, was da im Garten geschieht.

Ein Gespräch, in dem ein fallender Apfel tönt und bemerkt wird, macht deutlich, dass man nicht in Eile und nicht laut ist, sondern: Man hat alle Zeit der Welt – für den Garten, den Nachbarn, ein paar Worte, ein paar Pausen und – das „Ereignis" eines fallenden Apfels ...

Wie gut das Haiku ein menschlich-natürliches Lebenstempo evoziert!

Mitgliederseite

Jedes Mitglied der DHG hat die Möglichkeit, eine Einsendung zu benennen, die bei Nichtberücksichtigung durch die Jury der Haiku- und Tanka-Auswahl auf dieser Mitgliederseite veröffentlicht werden soll.

neue Nachbarn
man munkelt
es seien Juden

Martin Berner

Der tote Maulwurf –
fürchtete er den Beginn
des grimmen Winters?

Thomas Berger

Die Sonne badet
bis die Amsel das Wasser
entdeckt und verspritzt

Eva Beylich

Kiefernduft –
am Ende des Lichts
dreht der Wind

Gerd Börner

beim Warten auf dich
mir plötzlich gewahr
der wilde Wein

Horst-Oliver Buchholz

unterwegs mit Kind
zwischen Köln und München
so viele Märchen

Maya Daneva

Schönheit der Schöpfung
besehen
im schwindenden Lichte des Abends

Michael Deisenrieder

Sturmflut
alle diese Wellen rollen
zu mir

Gisela Farenholtz

vor dem Fenster
herbst-golden der Ginkgo
ach wenn er nicht mehr wäre

Gregor Graf

Herrlicher Morgen
frische Brötchen und Sonne
die Bäckerin

Wolfgang Gründer

wolkenfetzen
ein schwarm stare im wind –
choreografie des herbstes …

Ruth Guggenmos-Walter

Rotweinnacht
das Blitzen ihrer Augen
zwischen Sternschnuppen
   Taiki Haijin

Papierdrachen
unsere Augen tanzen
im Wind
   Gabriele Hartmann

die packung geöffnet
alle meine cracker
auf dem boden
   itazura

Im Bus
die Masken
quasseln miteinander
   Petra Klingl

ohne schnitters tod
wird ewig langes leben
bald todlangweilig
   Rudolf Leder

Wasser kämpft mit Stein
beharrlich reibt es am Fels
ein langsamer Tod
   Katja Leonhardt

die Waldlichtung –
eintreten in diesen
Raum aus Zeit
   Claus Hansson

Bambusbäume
bewegen sich im Taifun,
schnelle Tänzer.
   Saskia Ishikawa-Franke

auf Weihnachten warten
dann kommen sie – von weit her
unsere vier Enkelkinder
   Ute Kassebaum

Abgeholzt vor der Uni
Kaukasische Flügelnuss
Sichtachse hergestellt
   Hildegard Korsten

Leiser Lichtwechsel
Die tiefstehende Sonne
liebkost Strandspuren
   Reinhard Lehmitz

Gefroren der Schnee
und erstarrt die Blume auf dem Grab –
spricht sie mit mir?
   Barbara Lindner

Sommerabschied
in der leeren Tasse
ein welkes Blatt

Ingrid Meinerts

in der alten Allee
eine Baustelle
das Grab für Wurzeln

Jutta v. Ochsenstein

Paris Plage
Sonnenstühle am Quai
in der Luft Meeresbrise

Rita Rosen

leeres Nest
auf dem Boden
im alten Baumhaus

Sebastian Salie

die drähte wachsen
aus dem bewaldeten hang
graues flüstergras

Annika Carmen Schmidt

Altweibersommer
Spinnen weben Decken
um die Strandkörbe

Helga Schulz Blank

Weiße Flocken fall'n
Innen wartet stilles Blüh'n
Barbarazweige.

Erich Meyer

Am Sonnwendabend.
Die Schwalbe, hoch und pfeilschnell.
Wer klopft an der Tür?

Johann Reichsthaler

Im Fenster malen
Morgensonne und Nebel
ein Bild von Turner

Karl Rudolphi

Das leere Glas
der volle Geist
Heimweg

Frank Sauer

im Wintermantel
die Theaterkarte
vom Vorjahr

Evelin Schmidt

Lüften!
die Moleküle beben
kein Feind in den Raum

Hildegund Sell

Stillgelegt
Sonnenglanz auf den Schienen
Auf den Schwellen Gras

Sulamith Sommerfeld

Langsam wird es Herbst,
die Angst vor Corona steigt.
Gefühl der Ohnmacht.

Gerhard A. Spiller

Stromausfall
der Kerzenschein erzählt
Geistergeschichten

Alexander Strestik

Spätsommerabend
Stockentenweibchen fliegen
über den Kanal

Ingrid Töbermann

Septemberfreuden.
Sommerstrahlen auf nackter Haut
und Meeresrauschen.
Letztes Bad in freier See
als Massage Wellenschlag.

Christa Wächtler

Entspannt Aufräumen –
selbst zum Socken sortieren
ist heut' genug Zeit

Jan C. Weck

traumhaft
das Gaukeln der Falter
im Mohnfeld

Friedrich Winzer

Draußen Sturm und Schnee
im Zimmer das Blumenbild
ein Duft von Flieder

Gisela Wolf

mutters geburtag
die transparenz
des schattentees

Helga Stania

Erst Licht, dann Schatten
doch nicht in der Dunkelheit
gerne an der Wand

Jochen Stüsser-Simpson

Corona-Einsamkeit
wie ein Stück dürres Holz
vom Baum geschlagen

Erika Uhlmann

Ich bin angekommen
am Ende meiner Weisheit –
her mit dem Glückskeks!

Birgit Wendling

durchqueren nie
weder Frühling noch Herbst
U-Bahn-Schienen

Klaus-Dieter Wirth

Bei allen Beiträgen (inklusive Haiga) bitte keine Simultaneinsendungen.

Die Auswahl der folgenden Texte ebenso wie alle in dieser Ausgabe abgedruckten Haiga erfolgte durch Horst-Oliver Buchholz, Eleonore Nickolay, Claudia Brefeld und Thomas Opfermann.

Bei eigenen Einreichungen enthalten sich die Redaktionsmitglieder ihrer Stimme, Diskussion und Wertung.

Gerne verstärken wir unsere Jury in jeder Ausgabe um eine wechselnde Gaststimme. Wir laden alle DHG-Mitglieder ein, sich hierzu bei der Redaktion unter

redaktion@deutschehaikugesellschaft.de zu melden!

flackernde Kerzen
das kleine Mädchen
wispert ein Gebet

Foto: Paul Bernhard und Haiku: Claudia Brefeld

Haibun

Sonja Raab

So wie beinahe an jedem Abend, kurz bevor die Realität sich mit den Traumgebilden vermischt, befinde ich mich in der kleinen alten Stube. Ich bin etwa sieben Jahre alt, sitze mit meinem jüngeren Bruder auf dem Boden, wir spielen mit Autos oder Murmeln, ich weiß es nicht mehr. Über uns eine Wolke aus Rauch, die Erwachsenen mit ihren filterlosen Johnnys und Smarts reden über die wichtigen Dinge des Lebens, während wir noch völlig sorglos in unserer eigenen Welt leben. Die Kaffeemaschine brodelt, im Tischherd knistern trockene Buchenscheite, darüber hängen die Geschirrtücher zum Trocknen. Faltige Hände tasten sich am Tisch entlang, langsame Schritte zum Divan, dort liegt das Strickzeug, auf den Nadeln unfertige Socken. Großvaters Radio erzählt vom Wetter der kommenden Tage, die Küchenuhr tickt unaufhörlich vor sich hin, auf dem Tisch eine aufgeschlagene Zeitschrift, ein halb ausgefülltes Kreuzworträtsel und eine Brille. Der Geschmack nach kalkhaltigem Wasser, der Spiegel über dem Waschbecken viel zu niedrig, als dass man sich darin sehen könnte. Im Lavour stapelt sich das Geschirr, im schmalen Holzrahmen an der Wand über dem Tisch das Bild von Opa mit seinen Bienenstöcken. Im Hinüberdämmern ein Fetzen Wirklichkeit, die Uhr tickt doch schon längst nicht mehr, das Radio schweigt, die Großeltern seit Jahren schon unter der Erde. Ich will sie festhalten, diese kleine heile Welt, die nur in meinen Gedanken noch existiert. Einmal noch diese kleine Stube sehen, diese kleine heilige Stube. Und dann schwebt sie davon, in einer Seifenblase und entschwindet zwischen Gedankenfetzen und Bilderteilen ins Nichts.

> bienenwaben
> und omas kurrentschrift
> nun unter der haut

Eva Limbach

Ich bin wie immer für alles gerichtet. Vier Hosentaschen. Vorne links die Tempos, vorne rechts der Haustürschlüssel, hinten links die Hundekotbeutel und hinten rechts mein Mundschutz. Dann läuft die Nase, ich krame den Mundschutz aus der Hose und schneuze hinein.

Lockdown
das Einhorn ist tatsächlich
rosa

Birgit Wendling

Der alte Mann und der Hund

Der kleine Hund führte den alten Mann mehrmals täglich durch den Ort. Der Hund zog stets fröhlich vorwärts stürmend an der Leine, während der hagere Mann kaum hinterherkam. Es hätte mich nicht gewundert, wenn der Mann wie ein Luftballon hinter dem Hund hergeschwebt wäre, so dünn und nicht mehr ganz von dieser Welt war er.
Der alte Mann trug immer einen Pullover oder einen Pullunder, den ihm seine verstorbene Frau gestrickt hatte, selbst im Hochsommer. So eingehüllt in Erinnerungen war es ihm nie zu kalt oder zu heiß. Meinen Garten bewunderte er sehr. Ich schenkte ihm eine Ananaslilie im Topf. Er vergaß ihren Namen und bedankte sich mehrmals bei meiner Nachbarin dafür.
Der kleine Hund pinkelte regelmäßig in meinen Windfang. Ich schüttete wortlos Wasser auf den Fleck.

Septembersonne
geschenkte Barfußtage
dein Bild eingerahmt

Bernadette Duncan

In jenem Winter

waren die Nächte so lang und die Nebel so dicht, dass nur mit Hilfe von
etwas Mozart die Erinnerung an den Nachbarn vom nächsten Gehöft auf-
rechterhalten werden konnte, und sogar der Kohlenmann, dessen
Schwärze, Staub und Poltern uns gewöhnlich einmal in der Woche mit der
Welt verband, schien aus einem schweigenden Nirgendwoher zu kommen,
nur um dieselbetrieben wieder dorthin zurück zu knattern.
Eines Abends hören wir, wie vor dem fest verschlossenen Tor zum
Grundstück Weihnachtslieder angestimmt werden, und es ist so unwirk-
lich, dass niemand auf die Idee kommt nachzuschauen, wer das sein
könnte.

zwischen tassen
von dampfendem tee
menschen

Horst Ludwig

Die Sekretärin meiner alten Schule –VIRTUTI HUMANITATI PIETATI
– hatte unerwartet viel Info: Lieber mit dem Auto fahren, an einem Ne-
beneingang parken, bis zur Pumpe gehen, dort rechts zehn Schritte ...

Wind tänzelt ein Blatt
ans Grab meines Deutschlehrers ...
Das Taxi wartet.

Gabriele Hartmann

auf der Reise

„Ein weißes Hemd und eine gute Hose, bitte", sagt einer der beiden Männer. Ich habe bereits die Hand nach dem schwarzen Anzug ausgestreckt, greife dann aber zu der alten dunkelblauen Hose, die Vater immer getragen hat, wenn wir in Urlaub fuhren. Unempfindlich und bequem. Sie scheint mir angemessen. Die hätte auch er gewählt.

einfache Fahrt
der Mann ohne Koffer
tritt ins Licht

Birgit Heid

MARKUS

Ich lese einen Zeitungsartikel über einen Mann aus dem Landkreis. Er zeigt eine Ausstellung über Alphabetisierung. Sein Name weckt Erinnerungen.

Brandung in der Bucht
das Rauschen in meinen
Ohren

Vor über zwanzig Jahren im Pfalzklinikum. Unsere bewegenden Gespräche auf der Wiese. Danach verlor ich ihn aus den Augen. Ich schreibe die Volkshochschule an.

Klingender Wind
wir spielen mit
Kieselsteinen

Nach einigen Tagen bekomme ich einen Anruf. Er spricht mit unbekannter Stimme und bestätigt, er sei der Besagte. Wir vereinbaren einen Termin in einem Café.

Septembersonne
wie die Gräser leuchten
im Widerschein des Lächelns

Er sitzt bereits an einem der Tische. Unsere Unterhaltung über die Höhen und Tiefen unserer Lebenswege. Er sieht noch immer sehr sympathisch aus.

Warme Dusche
du erzählst vom Loch
in deiner Schädeldecke

Mittagsläuten
das zweite Getränk
ein kaltes

Christof Blumentrath

Tandem

ein Blick zurück
ins makellose Blau
dann küsst sie mich

Im Herzen des Triglav Nationalparks in Slowenien erhebt sich aus den Julischen Alpen der Vogel, ein 1.922 m hoher Berg. Wenn man an warmen Sommertagen im südwestlich des Vogels gelegenen Bohinj See (Bohinjsko jezero) schwimmt und nach oben schaut, kann man häufig große farbige Schirme aus Ballonseide beobachten, an denen ein oder auch zwei

Menschen baumeln. Sie gleiten in weiten Bögen durch die Luft, werden langsam größer und landen schließlich zielgenau auf einem markierten Feld neben dem Kiosk.

Dort stehe ich heute um kurz vor zehn und blase nervös auf heißen Kaffee. Immer wieder lege ich meinen Kopf in den Nacken, die Augen mit einer Hand beschirmt, in der anderen Hand die Kamera. Vier Tandems umkreisen sich.

Mir war lange schon klar, dass es ihr ernst ist damit. Jetzt musste nur noch das Wetter mitspielen.

Beim Frühstück hatte dann auf dem Tisch das Handy gebrummt, sich dabei um die eigene Achse gedreht und das kleine Mokkalöffelchen klingeln lassen.

Dann geht alles ganz schnell. Auf ihrem Hals bilden sich rote Flecken.

„Um zehn geht's los. Sei pünktlich. Du findest mich am Himmel."

Sie tanzt die Treppe hinab wie eine junge Frau, dann fällt die Tür ins Schloss.

High five – es war der Schirm mit meinen Lieblingsfarben. Gelb-grün.

erster Sprung
die Minute davor
die Tage danach

Tan-Renga

**Claudia Brefeld und
Angelica Seithe**

Sommerliebe –
das Rascheln
reifer Ähren

in ihrem Flüstern
Perseidenschauer

AS / CB

**Claudia Brefeld und
Angelica Seithe**

Turmbesteigung -
der Wind reißt
an den Haaren

zaghaft — ein kleine Hand
sucht meine

AS / CB

**Claudia Brefeld und
Angelica Seithe**

erste Windböen …
der Sommer eingerollt
in Folie

birgt Wärme noch
und heitren Stundenschlag

CB / AS

**Claudia Brefeld und
Angelica Seithe**

Morgensonne
ihren Disput
schlichten sie draußen

wo im Hof die Distel blüht
mit leisem Duft

CB / AS

Rengay

Sylvia Bacher,
Claudia Brefeld und
Brigitte ten Brink

über schwammigen boden
Herbst

trittsichere spur
über schwammigen boden
eindrücke sammeln

fest unter dem arm
das bestimmungsbuch

vogelschatten
greifen nach der stille …
wiegende föhren

wildwuchsgeruch
pilze im moos

wider die furcht
ein altes kinderlied
summen

steigender mond
sein letzter blick zurück

SB: 1, 4 / BtB: 2, 5 / CB: 3, 6

Sylvia Bacher,
Claudia Brefeld und
Brigitte ten Brink

flockenstille
Winter

Flockenstille
sogar der bach
leiser

wasseramseln untergetaucht
im winterquartier

ein tiefer blick
in deine augen
wärmt mir das herz

fest umschlungen – ein tanz
über gefrorene wellen

freudig nachgesprungen
der hund rutscht
über das eis

sonnenglitzer
hand in hand dem band folgen

CB: 1, 4 / SB: 2, 5 / BtB: 3, 6

Claudia Brefeld, Claus Hansson und Ilse Jacobson

Ghost Riders
Mystery-Rengay

Einsiedlerklause
hoch am Küstenhang
ein Käuzchenruf

vom Waldrand her
Wanderer fragen nach dem Weg

trotz Sturmwarnung
zum Strand
den Wind schmecken

näher das Stampfen
Ghost Riders in the Sky*

aufgeschreckt
aus seinem Traum – und dann
abrupte Stille

im Wellenschlag ein Schatten
Wollgrassommer

*Stan Jones, 1948

CH: 1, 4 / CB: 2, 5 / IJ: 3, 6

Kettengedichte

Ilse Jacobson und
Angelika Holweger

immer wieder

ein Brief vom Amt	
lese und lese	
immer wieder …	AH
warten, bis sich der Wind legt …	IJ
so klar wie nie das Firmament	AH
ihre Pläne	
aufgezeichnet	
in neuen Konturen	IJ

Claus Hansson und
Ilse Jacobson

behutsame Tage

die alte Kladde –	
in Sütterlin gekleidet	
zieht ein Leben auf	CH
leuchtendes Gold – Kornfelder	IJ
ihr Traum vom Seewind gestillt	CH
behutsame Tage	
auf Dichterpfaden	
im Turm	IJ

Claus Hansson und
Ilse Jacobson

Abend

Rien ne va plus …
die Ärztin nennt es
Depression   CH

Abend fällt in die Gärten   IJ
er schnitzt an einem Apfelboot   CH

einschwingen
in den Traum
der Kindheit   IJ

Es können auch längere und lange Kettendichtungen eingereicht werden, diese werden dann aber nicht mehr im SOMMERGRAS, sondern auf der DHG-Website parallel zur jeweiligen SOMMERGRAS-Ausgabe veröffentlicht. Auf diese Weise wird die gemeinschaftliche Kettendichtung besser gefördert, da es so keine Platzeinschränkungen mehr gibt, die beim SOMMERGRAS ja immer eine Rolle spielen.
Die Kettendichtungen (*renku*) bitte immer mit dem zugrunde liegenden Schema und Anmerkungen einreichen, da es so für die Leser besser nachvollziehbar ist.
Wir freuen uns auf Ihre Zusendungen!

Rezensionen/Besprechungen

Gabriele Hartmann

PLAYLIST

Tony Böhle: PLAYLIST. Tanka von Tony Böhle mit Illustrationen von Valeria Barouch. edition federleicht, Frankfurt a. M. 2020. 84 Seiten. ISBN 978-3-946112-56-3.

Mein Mann bringt die heutige Post, wiegt einen mit Noppenfolie gefütterten Umschlag bedeutungsschwer in seiner Hand, überreicht ihn mir mit einer respektvollen Verneigung, einem angedeuteten Nicken – er hat den Absender bereits entziffert, ahnt, da ist ein Buch drin. Ich weiß, da ist <u>das</u> Buch drin: PLAYLIST, Tanka von Tony Böhle.

Ungeduldig zerren meine Finger am Papier, endlich halte ich es in der Hand: Kein DIN-Format – genauso wie ich es vom Verlag edition federleicht, FFM, kenne und erwarte. Schlank, hoch, soft, 84 Seiten, Fadenbindung, mit eingeschlagener Klappe vorn und hinten. Außergewöhnlich – wie die Aufmachung – auch das Cover: schwarz mit leuchtenden Farbspuren, die sich über Vorder- und Rückseite ziehen: Lichtmalerei von Valeria Barouch. Der Titel PLAYLIST in akzentuierten, farblich abgestimmten Buchstaben. Der Klappentext: ein Ausschnitt aus der Rezension von Martin Thomas, die ich bereits auf „einunddreissig.net" gelesen habe. Dort werden Kapitel-Überschriften und Tanka zitiert, Tonys literarisches Werk beleuchtet, die Lichtmalerei Valerias beschrieben. Eine Huldigung an beide Personen, an beider Kunst, an das gemeinsame Werk.

Zuerst: ein Inhaltsverzeichnis, danach: Tonys Vorwort. Es informiert über die Gattung Tanka als Literaturphänomen und listet gelungene Tanka der Weltliteratur auf. Ein Literaturverzeichnis vervollständigt die Übersicht. Man erkennt: Tony ist daran gelegen, sein Bild vom Tanka in die Welt zu tragen: „Eines jedoch ist es nie: eine blutleere Hülle aus 31 Silben."

Das Nachwort von Christian Skrey widmet sich dem Autor, der Gattung Tanka und – ausführlich – Tonys Tanka.

Dahinter beschreibt Valeria ihre Lichtmalerei. Verweist darauf, dass es dem Leser und Betrachter überlassen bleibt, Bild und Tanka zu vereinen. Darauf komme ich zurück.

Noch einmal einmal werden die Protagonisten vorgestellt, dann folgt das Verlagsverzeichnis, aus.

Jetzt! denke ich und beginne, die Seiten 17 bis 63 zu inspizieren. 29 Seiten mit Tanka (jeweils 3 pro Seite), 10 Seiten Lichtmalerei. Köstlich: Tonys farbige Worte, delikat: Valerias sprechende Farbspuren. Ich schwelge in opulenten Bildern, seien sie im Tanka besungen oder in Farbe gegossen. Ich sehe Tony, den König und Valeria, die Zauberin, strahlend vor mir: changierend zwischen kesser Kunst und charismatischer Aura. Permanent höchste Qualität erringend, immer mindestens zwei Finger auf dem ultimativen Drücker.

Von Tony habe ich gelernt, dass es im Tanka keine „dritte Person" geben sollte. Und tatsächlich finde ich **ihn selbst** in jedem einzelnen seiner Tanka, ob er nun das Ich konkret benennt oder das lyrische Ich seine eigen(-artig)e Sichtweise darstellen lässt. In der anderen Waagschale allenfalls ein zweites Wesen: meist (s)eine Frau. Tonys Tanka fehlt jegliche Distanz. Sie sind so persönlich, so gefühlvoll, dass man sich fast ein wenig schämt, sie überhaupt lesen zu dürfen:

> umfasst behutsam
> ein angeschlagenes Ei
> mit beiden Händen …
> selbst als kinderlose Frau
> trägst du diese Liebe in dir!

Und als gleichgewichtiges Pendant zu Tonys schwerelos schwebenden Versen: Valerias zauberhafte Lichtmalerei!

Wie? Zu den Bildern gibt es kein Titelverzeichnis? Dem Leser bleibt es überlassen, Bild und Wort zu vereinen? Nun denn: Hier ist **mein** Titelverzeichnis, mir jeweils aus einem der gegenüberstehenden Tanka erschlossen, in der Reihenfolge der Abbildungen:

m&m's
Hausdrache
Rhythmus
Atomangriff
mein Traum, ein Baum zu sein
High Heels
Solidarität
Reviermarkierung
Establishment
Schein der Straßenlampen

Was den Betrachter tief berührt, ist eine ungeheure Spannung aus leuchtend farbigen Spuren – bei zwei Werken gespiegelt und abermals gespiegelt zum symmetrischen Vierteiler –, welche im Stil einer Collage mit Symbolen bestückt sind.

Woran erinnern mich diese Bilder bloß? Ach ja, ich weiß schon woran: an japanische Holzschnitte von Kiyoshi Hasegawa! Ein perfekt gelungener Brückenschlag zum modernen Tanka: progressiv und klassisch zugleich.

Wer mehr lesen möchte, sei verwiesen auf Tonys Vorwort, Christian Skreys Nachwort, die Rezension von Martin Thomas und natürlich auf Tonys Tanka selbst in PLAYLIST.

Brigitte ten Brink

Hotel California

Rüdiger Jung und Gabriele Hartmann: Hotel California, 18 Renhai, Heft, DIN A6, bon-say-verlag, 2020. 24 Seiten. Zu beziehen unter: info@bon-say.de

„Hotel California", wer kennt ihn nicht, diesen Song der Eagles, dieses Lied über einen Reisenden, der inmitten der Wüste in einem Hotel strandet, dessen Bewohner und Ambiente ihm anziehend und gleichzeitig unheimlich erscheinen, der sich aber deren Betörungen und Zuflüsterungen nicht entziehen kann, sich ihnen vielleicht nie wieder wird entziehen können – Verlockung und Albtraum in einem, ein Drogenrausch? „Hotel California" ist der Titelsong des gleichnamigen Albums. Die übrigen Songs handeln vom amerikanischen Westküsten-Lebensgefühl in den 1970er Jahren, mal im Stil einer Ballade, mal mit Gitarrenrock unterlegt, auch Countryklänge kommen nicht zu kurz, und die Texte handeln vom Leben und vom Lieben.

Was geschieht, wenn die Songs dieses Albums auf ihre Titel reduziert werden und neue Geschichten zu ihnen gefunden werden? Das haben Gabriele Hartmann (GH) und Rüdiger Jung (RJ) ausprobiert, und so ist ein Büchlein mit 18 Renhai entstanden. 18 Renhai, obwohl es nur neun Titel auf diesem Album gibt? Ja, denn das ist das Besondere an diesem Büchlein: Es gibt von jedem Titel zwei Versionen, die sich gegenüberstehen. Jeder der beiden Autoren ist für sich seinen Eingebungen zu den Titeln – die als erste Zeile des zweiten Verses die Startzeile bilden – gefolgt, hat dann den ersten Vers verfasst und somit die Vorlage für den dritten, den letzten Vers geliefert, mit dem der jeweils andere Autor dann das Renhai beendet. Dabei nimmt RJ den Originaltitel als Ausgangspunkt und GH bringt das Renhai zum Abschluss (stets auf der linken Seite des Büchleins zu lesen).

Durst	weißer Rauch
erweckt in mir diese	die Gefangenen der Nacht
Fata Morgana	versammelt
Hotel California	**Hotel California**
klingt so orange	im Spiegel erstirbt ein Lachen
Fantasie und Glück	nichts
die Blumenkinder tanzen	gibt das Silber
Reigen	zurück
RJ **T** RJ GH	GH **T** GH RJ

GH überträgt in ihren Versionen den Originaltitel frei ins Deutsche, formuliert ihre Verse hierzu, und RJ vervollständigt das Renhai (auf der rechten Seite des Büchleins zu lesen). So stehen sich zwei ganz unterschiedliche Fassungen, die im Prinzip auf gleicher Grundlage beruhen, gegenüber.

keine Frage	fast noch ein Kind …
die Buschtrommeln	hinter vorgehaltener Hand
funktionieren	weiß jemand mehr
New Kid in Town	**neu in der Stadt**
ehedem ein Landei	wir wechseln die Seite
Billy war sein Name	stört sie doch
er zog mit dem Karussell	ohne zu fragen unsere
von Ort zu Ort	Langeweile
RJ **T** RJ GH	GH **T** GH RJ

Es ist interessant und spannend zu lesen, welchen Inspirationen und Assoziationen der beginnende Autor folgt und wie der Partner dessen Eingebungen aufgreift und das Werk zu einem Ganzen komplettiert.

Sancho Pansa
nimmt den Meister unter
seine Fittiche

fremde Laute
er wirft den Blick über
die Grenze

The Last Ressort
wider die Windkraft

letzter Ausweg
dieses Schimmern bei Nacht

Abendsonne …
zwei fremde Kater
auf Patrouille

ein Geier
der seinen Kaktus
gefunden hat

RJ **T** RJ GH

GH **T** GH RJ

Zum Schluss noch ein paar Worte zum Cover des Büchleins nach einer Acryl-Collage von Gabriele Hartmann. In Blau- und Beigetönen gehalten, mit Andeutungen von Gebäuden, die zu verschwimmen scheinen, wird der Betrachter in eine (Wüsten-) Landschaft gezogen, die ebenso rätselhaft scheint wie das Lied vom „Hotel California", ein Brückenschlag vom Original hin zu den textlichen Cover-Versionen.

Haiga: Horst-Oliver Buchholz

Gabriele Hartmann

groß!

Ralph Günther Mohnnau: treibholz. Alpha Literatur Verlag Frankfurt am Main

Da liegt es ausgepackt auf dem Wohnzimmertisch – an dem wir so gut wie nie sitzen – und das ist gut so. Hier wird es in den nächsten Tagen, ja Wochen verbleiben und von mir immer wieder betrachtet, durchblättert und – mit allem gebotenen Respekt vor Werk und Autor – gewürdigt werden. Denn „zur Hand nehmen" kann man es nicht. Das neue Künstlerbuch „treibholz" von Ralph Günther Mohnnau:
   Mein erster Eindruck: groß!
   Wie groß? DIN A2.
   Für ein Buch: sehr groß!
   Ich bewege die steife Kartonage von links nach rechts: gewichtig.
Die Vorderseite – außen und innen – cremeweiß kaschiert, die Rückseite nebst Falz, dazu drei Zentimeter der Vorderseite außen und innen leuchtend rot. Zwei Einlageblätter DIN A4 in einer Faltung von DIN A3 auf DIN A4 geben zweisprachig Auskunft über Inhalt und Material des KÜNSTLERBUCHS:

51 Haiku von Ralph Günther Mohnnau ©
ins Japanische übersetzt von Kazuo Hosaka ©
Entnommen dem Band tag um tag faltet sich die zeit japanisch-deutsch
Gedruckt im Siebdruck auf Japan Perlmutt und Japan Kozo mit Einschlüssen.
Original Tuschegrafiken von Kasia Lewandowska

Edition: Orange Visuell Ingolstadt
      Alpha Literatur Verlag/Künstlerbuch Frankfurt am Main
      Hudson River Press
      S' Art S.A. Palma de Mallorca

Weiß man jetzt alles? Nichts! Denn das eigentliche Erlebnis beginnt mit dem Aufschlagen des Deckels: Dazwischen lose liegend ein mittig gefalteter Bogen (80 cm auf) 40 cm x 57 cm), darin liegend 18 Blätter unterschiedlichen Materials, 38,5 cm x 54 cm mit rotem Faden im Zickzack-Stich von Hand gebunden, schwarz (japanisch) und rot (deutsch) beschriftet, dazwischen die schwarz-roten Tuschegrafiken, welche die Blätter beiderseits zieren und ihren Durchschlag subtil der anderen Seite preisgeben.

Noch immer weiß man nichts. Aber man spürt sie: die Kraft der Farben, die Intensität der Worte, den Zauber fremder Schriftzeichen und die Faszination der Grafiken, die wie Hiebe ihre Akzente setzen. Man fühlt sich berührt, fasziniert, wird gierig darauf, zu schauen, zu lesen, zu erfahren, zu schwelgen, zu vertiefen, zu verstehen und wieder von vorne zu beginnen.

Zehn Blätter tragen jeweils fünf Haiku. Die sinnlich-erotische Komponente der Haiku Ralph Günther Mohnnaus habe ich bereits an anderer Stelle („quadratisch – sinnlich – gut", Rezension zu „tag um tag faltet sich die zeit") ausführlich gewürdigt. In der vorliegenden Auswahl (51 der dortigen 99 Haiku) treten philosophische Gedanken in den Vordergrund:

dem händler der zeit
heute abgekauft – ein tag
mit fünfzig stunden

Selbst wenn diese Behauptung in unserer hektischen Zeit verständliches Wunschdenken – den 24-Stundentag in seiner Zeitspanne mehr als zu verdoppeln – erkennen lässt, spürt man doch, dass es dem aufmerksamen Geist gelingen kann, in der Tiefe seines Erlebens einen Qualitätszuwachs zu erfahren, der oberflächliche Quantitätsüberlegungen in den Schatten verweist. Gerade ernste Fragen lassen indes wiederum – oder gerade deshalb – sinnliche Antworten zu:

was denn ihr letzter
wunsch sei wurde sie gefragt –
tanzen im regen

„Küssen kann man nicht allein. Zum Küssen braucht man einen fremden Mund.", singt Max Raabe. Tanzen allein schon. Aber tanzen an sich – als Synonym für Leichtigkeit und Leben – ist nicht nur für den Menschen von existenzieller Bedeutung:

die eintagsfliege
in der sonne – siehe sie tanzt
um ihr leben

Der Tanz **ist** ihr Leben.

Das titelgebende Haiku voll unausgesprochener Sehnsucht und Erfüllung in künstlerischem Tun steht und spricht für sich allein:

treibholz am ufer
der leuchtturmwärter schnitzt sich
eine meerjungfrau

Reinhard Dellbrügge

Zen and Son. Haiku from Two Generations

George Klacsanzky und Nicholas Klacsanzky: Zen and Son. Haiku from Two Generations. Independently published 2017. 82 Seiten. ISBN 978-1-545083-26-0.

Die Haiku-Sammlung „Zen and Son" – ein auf den ersten Blick vielleicht etwas seltsam anmutender Titel – wurde von Nicholas Klacsanzky herausgegeben. Sie enthält sowohl Haiku seines Vaters, George Klacsanzky, als auch von ihm selber verfasste.

Der in Ungarn geborene, früh verstorbene George Klacsanzky (1956–2003) verbrachte den größten Teil seines Lebens in Seattle, Washington. Er war ein vielfältig aktiver Pionier der Haiku-Bewegung und gründete die vom Zen inspirierte Zeitschrift „Haiku Zasshi Zo", das erste Haiku-Journal im Nordwesten der Vereinigten Staaten. Obwohl er Tausende Haiku schrieb, publizierte er verhältnismäßig wenige. Aus dem reichen Fundus des unveröffentlichten Materials haben viele Dreizeiler, manchmal leicht redigiert, Eingang in „Zen and Son" gefunden.

Nicholas Klacsanzky ist als Haiku-Dichter in die Fußstapfen seines Vaters getreten. Seine Beiträge erschienen international in vielen einschlägigen Zeitschriften. Einigen Lesern dieser Zeilen wird sein Name aus dem Internetmagazin „Chrysanthemum" bekannt sein.

„Zen and Son" umfasst 82 unpaginierte Seiten. Dem Hauptteil des Buches ist ein kurzer Aufsatz vorangestellt, in dem der Sohn ein lebendiges Bild seines Vaters entstehen lässt. Im Hauptteil selber finden sich auf jeder Seite drei Haiku, die auf eine direkte oder subtile Weise miteinander verbunden sind. Das erste und dritte Haiku stammt jeweils vom Vater, das zweite – zweimal auch ein Tanka – vom Sohn. Die Sammlung schließt mit drei Haiku unter der Überschrift „A Tribute to My Father" sowie biobibliografischen Angaben zu den beiden Autoren.

Mit „Zen and Son" ist ein außergewöhnliches und anrührendes Werk entstanden. Ein äußerlich schlichtes, innerlich reiches Buch, das zudem noch – dies sollte nicht unerwähnt bleiben – äußerst preisgünstig ist.

Abschließend einige Leseproben:

George Klacsanzky:

wind playing a tune on my beer bottle	der Wind spielt eine Melodie auf meiner Bierflasche
dead loon on the beach its head nods as each wave comes and goes	toter Seetaucher am Strand sein Kopf nickt mit jeder Welle
driving at night signalling a turn to no one	Nachtfahrt den Blinker setzen für niemanden
my glasses missing I see impressionistic paintings all day	ohne meine Brille sehe ich den ganzen Tag impressionistische Gemälde
in a language I can barely read – letter from my mother	in einer Sprache die ich kaum lesen kann – ein Brief von meiner Mutter

Nicholas Klacsanzky:

summer storm… I push the beetle back on its feet	Sommersturm... ich schubse den Käfer zurück auf seine Füße
nettle blossom – the family of ducks nest in a tractor tire	Nesselblüte – die Entenfamilie nistet in einem Traktorreifen
the quiet after an argument – scraping carrot skin	die Stille nach dem Streit – Möhren schrappen

Rüdiger Jung

Erst im Nachhinein

Ingo Cesaro (Projektidee und Hrsg): Erst im Nachhinein. 400 Exemplare, nummeriert und signiert. Kronach: NEUE CRANACH PRESSE, August bis Oktober 2020. 68 Seiten.

Erinnerungen sind das Thema in der neuen internationalen Anthologie Ingo Cesaros, die 348 Kurzgedichte nach dem Vorbild von Haiku und Senryu versammelt. Unter den zahlreichen Autorinnen und Autoren ein lesendes Wiederbegegnen u. a. mit Carla Bayer-Cornelius, Gisela Gülpen, Burgi Jaenecke, Minnie Marie Rembe, Mara Rei, Host Ludwig, Rainer Hesse, Udo Mitzschke und Thomas Berger. Erinnerung und ihr Widerpart, das Vergessen, begegnen sich in ihrer ganzen Vielschichtigkeit und Ambivalenz:

> schattige Linde
> ihre Blätter verwandelt
> in raschelndes Gold
>> Ingrid Töbermann, Berlin (S. 17)

Die „schattige Linde" bietet Schutz vor der Sonne – genau der entfällt, wenn sich „ihre Blätter" in „raschelndes Gold" verwandelt haben. Das Kostbare ist nicht ohne Verlust zu haben, die Frucht zum Preis der Blüte, Erinnern nicht ohne Vergessen, das Leben nicht ohne seine Vergänglichkeit. Trost kann bieten, was uns überdauert und übersteigt:

> Scheune verfallen,
> Ställe leer. – Vor dem Brunnen
> blüht der Apfelbaum.
>> Klaus D. Juergens, Hamburg (S. 17)

In unserem Umgang mit der Zeit sind wir nicht nur die Getriebenen der Vergänglichkeit, sondern zugleich Treiber – mit der eigenen Treulosigkeit konfrontiert:

82

Alter Teddybär
zum Verkauf am Flohmarktstand
einst geliebter Freund

> Vera Simmlinger, Wien A (S. 23)

Der Ur-Impuls ist der, das Schöne – letztlich das ganze Leben – festzuhalten, der zerrinnenden Zeit entgegenzustellen:

Die Schlittschuhkufen
tief ins dicke Eis gestemmt
Weihnachtsferien

> Rainer Sander, Wittenberge (S. 27)

Besonders die Texte, die an Kindheit erinnern, scheinen mir von besonderer Intensität; die ganze Ambivalenz steckt bei folgendem Beispiel im Schlusswort:

Großmutters Schürze
In den Taschen Kinderglück
Bunt und zuckersüß

> Christine Kron-Oetttner, Nürnberg (S. 31)

Sinnlich, konkret, evokativ auch folgendes Haiku:

Sommernachmittag
An meinen Fingern der Duft
von Wachsmalkreide

> Christoph Blumentrath, Borken (S. 54)

Kindheit meint auch Verschworen-Sein, äußerste Intimität:

Am Weg zur Schule
bekam ich ihren Bonbon
zum Weiterlutschen

> Michael Lengsfeld, Amberg (S. 56)

Auch die Kurzgedichte, die Erinnerung und Vergessen an der Liebe zweier Menschen und deren Zeitlichkeit festmachen, geraten naturgemäß besonders berührend und bewegend. Im folgenden Beispiel gemahnt die sinnbildliche Kraft an den Ginkgo biloba im West-östlichen Diwan. Scheint zunächst bis zum Ende der zweiten Zeile die erste Silbe der ersten von erdrückendem Gewicht, wirkt die knappe, prägnante Schlusszeile geradezu erlösend und lässt ahnen, dass – dem Hohelied der Liebe Salomons zufolge – Liebe stärker ist als der Tod:

Totholz am Boden
tief in den Baumstamm geritzt
zwei Namen ein Herz
    Vera Simlinger, Wien A (S. 33)

Die Liebe bestimmt unsere Prioritäten: was wir tief im Gedächtnis hinterlegen – und was wir dem Vergessen preisgeben; gleichsam das Gegensatzpaar von erinnern und veräußern:

Goldene Teller,
Spitzendecke verschenkt sie
seine Briefe nicht
    Helga Schulz Blank, Esslingen (S. 12)

Freilich sollten wir uns nichts vormachen: Erinnern und Vergessen sind und bleiben im letzten, tiefsten Grund unserer Willkür entzogen; wie oft kann ein Traum Türen öffnen, über die wir nicht gebieten:

Der dunkle Keller
der Erinnerungen hat
ein defektes Schloss
    Dieter Klawan, Ahrensburg (S. 35)

Zwei Aspekte, denen Texte der Anthologie Rechnung tragen, seien an dieser Stelle noch besonders hervorgehoben. Zum einen verbinden uns Erinnern und Vergessen mit denen, die vor uns waren, und denen, die uns zum und ins Leben verhalfen: Sie bleiben eine zentrale Bezugsgröße in dem, worin wir ihnen gleichen, aber auch in dem, worin wir uns von ihnen unterscheiden oder gar absetzen:

Blick in den Spiegel
das Gesicht meiner Mutter
lacht mir entgegen
    Vera Simlinger, Wien A (S. 29)

Eine einfache Dialektik, die Erinnern für gut und Vergessen für schlecht befindet, greift zu kurz. Erinnern und Vergessen sind beide ambivalent. Besonders eindrücklich bringt das Thomas Berger auf den Punkt:

Der heftige Streit,
der uns seit Jahren entzweit –
was war nur der Grund?
    Thomas Berger, Kelkheim (S. 44)

Waldkäuzchen ...

*ein Blatt kräuselt
den Mond*

Foto: Paul Bernhard und Haiku: Claudia Brefeld

Rüdiger Jung

17 Ansichten des Berges Fuji, Bilder und Tanka

Sabine Sommerkamp: 17 Ansichten des Berges Fuji, Bilder und Tanka. Aus dem Deutschen übersetzt von Anita Muitiniece, Einführung: Dietrich Krusche, Nachwort: Prof. Klaus Peter Nebel, Verlag: Jumava, Riga, 2020. 56 Seiten mit 22 Farbabbildungen. ISBN 978-9934-203-90-9. Bestellungen mit Weiterleitung an den Verlag möglich über das Honorarkonsulat der Republik Lettland in Hamburg, Neuer Wall 10, 20354 Hamburg: Honorarkonsulat-Lettland-HH@web.de

Dr. Sabine Sommerkamp-Homann ist Honorarkonsulin der Republik Lettland in Hamburg seit 1997, mehrfache Literaturpreisträgerin in Japan, Deutschland und den USA und Expertin für Tanka- und Haiku-Dichtung. Ihre Gedichte und Bücher wurden in mehrere Sprachen übersetzt und in der Landessprache publiziert. In China erscheinen ihre Tanka und Haiku in Millionen-Auflage u. a. in der „Volkszeitung", übersetzt vom ehemaligen Kulturminister und meistgelesenen Schriftsteller Chinas, Wang Meng. „Der japanischen Leserschaft bringt der Germanistik-Professor Kenji Takeda die ‚17 Ansichten' mit seinen meisterlichen Übersetzungen nahe." (S. 47)

Für die gewählte lyrische Form bietet die Autorin auf Seite 5 folgende Charakteristika:

„Das Tanka (dt. Kurzgedicht) ist eine mehr als 1.300 Jahre alte reimlose japanische Gedichtform, bestehend aus einer dreizeiligen Oberstrophe (5/7/5 Silben) und einer zweizeiligen Unterstrophe (7/7 Silben) zu insgesamt 31 Silben. Sie ist älter als das Haiku, das sich aus dem Tanka entwickelte."

Den biografischen Bezug zum Thema bzw. Leitmotiv der Autorin benennt Prof. Nebel in seinem Nachwort (S. 46 f):

„1957, im Alter von 5 Jahren, erblickte Sabine Sommerkamp auf einer Japan-Reise mit ihren Eltern erstmals den Berg Fuji. Der Anblick blieb für sie unvergesslich und entfachte eine lebenslange Liebe zu Japan [...]. 57 Jahre nach ihrer ersten Japan-Reise erlebte sie gemeinsam mit ihrem Sohn erneut den beeindruckenden Anblick des Fujiyama."

Folgen wir an dieser Stelle den einleitenden Worten der Autorin (S. 6):

„1834 veröffentlichte der große japanische Maler und Farbholzschnittkünstler Hokusai (1760–1849) sein berühmtes Werk ‚100 Ansichten des Berges Fuji'. 180 Jahre später bin ich zusammen mit meinem Sohn am Ufer des Kawaguchi-Sees im Anblick des Fuji, des höchsten Berges Japans (3776 m), für kurze Zeit auf den Gedankenpfaden dieses großen Künstlers gewandelt.

Mit der Kamera und mit meinen Worten in der klassischen japanischen Gedichtform des Tanka habe ich versucht, die Schönheit und den Geist dieses unvergleichlichen Berges in den folgenden ‚17 Ansichten des Berges Fuji' zum Ausdruck zu bringen."

Einen wichtigen ergänzenden Hinweis liefert die Autorin noch an anderer Stelle, wenn sie von den „symbolisch einen Tagesrhythmus umfassenden – ‚17 Ansichten […]'" spricht. (S. 49)

In seiner faszinierenden Einführung (S. 30 und 37 bis 43) verweist Dietrich Krusche darauf, dass sich Sabine Sommerkamp nicht „nur" poetisch, sondern auch wissenschaftlich mit der japanischen Kurzlyrik befasst hat:

„An dem Projekt, japanische Formen der Lyrik in den ‚Westen' zu übertragen, ist Sabine Sommerkamp in verschiedenen Funktionen beteiligt. Bereits ihre Dissertation ‚Der Einfluss des Haiku auf Imagismus und jüngere Moderne. Studien zur englischen und amerikanischen Lyrik' (1984) zielt auf den zentralen Aspekt, unter dem der Transfer östlicher in westliche poetische Traditionen sich vollzieht: die Betonung der Anschauung gegenüber der Reflexion, der sinnlichen Evidenz gegenüber der Bedeutung übertragener Rede." (S. 37)

Die Dissertation erschien zu einem Zeitpunkt, als – mit einem halben Jahrhundert Verspätung (durch den Faschismus bedingt) – die Rezeption von Karl Bühlers „Sprachtheorie (1934/82) einsetzte, die als Funktion von Sprache und Poesie (zumal der japanischen!) neben dem Benennen die Deixis, das Zeigen, ausmachte. Krusche zieht Haiku-Beispiele von Bashō und Kikaku heran, um das ganz Eigene der japanischen Poesie, mithin auch ihren ganz eigenen Reiz für westliche Autoren, herauszuarbeiten. Ist die westliche Poesie eher in der Zeit – und damit häufig auch in der Kausalität – zu Hause, beruht die japanische auf dem Raum.

Ein weiterer, auffälliger Unterschied: Das Haiku wird erst „fertig" beim Leser, der Leserin, die gefordert sind – zur Beteiligung, zum

Weitermachen. Dabei wird „fertig" meines Erachtens dadurch relativiert, dass ich ein Haiku mehrfach, in unterschiedlicher Situation, lesen und damit auch unterschiedlich fertig lesen respektive schreiben kann. Eingängig bleibt mir dabei das Beispiel des berühmten Steingartens des Ryoanji in Kyoto, der sich aus jedem auch nur minimal veränderten Blickwinkel anders ausnimmt, und in dem den Betrachtenden die Rolle des fehlenden letzten Steins zukommt. (S. 39 f) Schließlich zeigt Krusche mit einer eingehenden Analyse sorgsam ausgewählter Texte auf, wie die „17 Ansichten" Sommerkamps einen Pfad der Entwicklung durchmachen und beschreiten. Die Stärke der Autorin erblickt er gerade darin, dass sie keinen Hehl macht aus ihrem eigenen kulturellen Kontext, der seine Wurzeln in Europa hat. Es ist gleichermaßen östlicher wie westlicher Geist, den Sabine Sommerkamp wachruft, was ihren Tanka einen weiten Assoziationsraum und Konnotationshof eröffnet.

> Diese Symmetrie
> Fuji, wer hat Dich geformt?
> Gab es die Form schon
> lange vor Dir oder wurde
> sie erstmals nach Dir benannt? (S. 13)

Ein Gedicht, das dazu einlädt, vor dem Hintergrund von Platons Ideenlehre oder vor jenem des scholastischen Disputs von Nominalismus und Realismus, zu meditieren.

Irgendwo zwischen Parmenides und Heraklit das nächste Beispiel:

> Wolken vergehen,
> Pflanzen grünen und welken,
> jahrein und jahraus.
> Doch gleichbleibend stehst Du da,
> heiliger ewiger Berg! (S. 15)

Tanka und Haiku zielen immer wieder auf das Verletzliche im Schönen, das Schöne im Verletzlichen. Die numinose Qualität des Fuji in dieser

Betrachtung: Er steht für das Bleibende als Kontrapunkt des Vergänglichen.

> Das Blau des Berges
> der Kawaguchi-See glänzt
> in demselben Blau.
> Spiegelt der Fuji den See
> oder der See den Fuji? (S. 21)

Dieses Spiegelbildliche, Vexierbildhafte erinnert mich an manchen ihrer frühen „Lichtmomente" aus dem Jahr 1989. Und natürlich an die Frage Dschuang-dses, ob er ein Mensch sei, der träume, ein Falter zu sein oder ein Falter, der träume, ein Mensch zu sein.

Das abschließende Tanka spielt eine besondere Rolle in der Betrachtung Dietrich Krusches – es ist gleichsam der Zielpunkt der Sammlung.

> Wohl hundert Male
> habe ich Dich angeschaut
> bei Tag und bei Nacht.
> Doch jetzt ist mir als seh' ich
> Dich das allererste Mal (S. 27)

Berühmt das Koan, demzufolge der Berg erst der Berg ist, dann nicht mehr der Berg, dann wieder der Berg. So wenig siebzehn Tanka den Fuji erschöpfend zu umschreiben vermögen, so wenig vermögen es die hundert Meisterwerke Hokusais. Basho postulierte für die Haiku-Dichtung, den Blickwinkel eines Kindes einzunehmen. Ja, vielleicht eines fünfjährigen Mädchens, das zum ersten Mal den Berg Fuji sieht und ihn nie vergisst. Dem bis heute angesichts dieser Überwältigung nur die Deixis, das Zeigen, zu Gebote steht, wo Benennen illusorisch bleiben muss.

„Das Staunen ist der Anfang der Erkenntnis." Dieses Wort Platons, dem ganzen Band (S. 1) und dem Nachwort (S. 46) vorangestellt, gibt die Richtung vor: Das Staunen nimmt kein Ende oder, um es mit einer Spruch-Dichtung Christian Morgensterns zu sagen, die mir von Kind auf lieb ist:

WIE SÜSS IST alles erstes Kennenlernen!
Du lebst so lange nur, als du entdeckst.
Doch sei getrost: Unendlich ist der Text,
und seine Melodie gesetzt aus – Sternen.

(Christian Morgenstern, Sämtliche Gedichte in 3 Bänden.
Stuttgart, Urachhaus, 2013. Band 2, Seite 47)

Claudia Brefeld

Auf der Suche nach Licht

Christiane Haen-Ranieri: En quête de lumière / Auf der Suche nach Licht. Haiku-Buch in Französisch und Deutsch. Éditions Unicité, Saint-Chéron. 2020. 138 Seiten. ISBN 978-2-373554-48-9.

Als ich nach einem langen Wanderwochenende, angefüllt von der Klarheit der Natur, das Buch von Christiane Haen-Ranieri in den Händen hielt, sprach mich der Titel „Auf der Suche nach Licht" unmittelbar an, so als griffe etwas wie selbstverständlich ineinander.

Auf der Rückseite des Buches las ich dann überraschenderweise:

„Mit diesem neuen Haiku-Buch gibt Christiane Ranieri Einblick in Erinnerungen an ihre blinden Eltern […] Während die meisten Haiku-Bücher Dinge aus einem Augenblick heraus beschreiben, beschreitet Christiane hier den umgekehrten Weg und spürt der Innenwelt des Vaters nach."

Damit waren nicht nur meine besondere Aufmerksamkeit, sondern auch meine Emotionen geweckt!

frissons sur ma peau	Schauder auf meiner Haut
effleurant l'alphabet braille	ich streiche über das Braille-Alphabet
mes souvenirs s'éveillent (S. 29)	meine Erinnerungen erwachen

Und so streift Ranieri durch ihre Erinnerungen, nimmt dabei die Leser*innen mit, schlägt einen Bogen, beginnend in ihrer Kindheit, über Abschied nehmen, Umzug der Mutter, Altenheim bis hin zur Covid-19-Pandemie, und mit jedem weiteren Haiku werden die Figuren der Eltern lebendiger, der Tastsinn wird zum Sehsinn … am Ende glaubt man sie fast zu kennen, diese beiden besonderen Menschen, denen man nie begegnet ist.

Vater und Tochter waren unzertrennlich. „Ich war sein Augenlicht, er mein Gedächtnis." Und dieses intensive Band ist in jedem der Haiku spürbar. So ist das Buch nicht zuletzt auch eine Hommage an ihren Vater geworden: stark, berührend und zärtlich.

route des vins –	Weinstraße –
de zigzag en zigzag	von Zickzack zu Zickzack
suivre mon père (S. 37)	meinem Vater folgen

sur un air de Schumann	zu einer Schumann-Melodie
ses doigts butinent	seine Finger wie Schmetterlinge
un bouquet de roses (S. 77)	auf einem Strauß Rosen

Es bleibt stets eine besondere Form von Feingefühl spürbar, das hin und wieder mal mit Humor, mal mit Hoffnung und Freude einhergeht und auch die ergreifendsten Momente des Lebens mitzutragen scheint. Das Festhalten des Augenblicks und dabei den Leser*innen die Freiheit belassen, darüber hinaus weit mehr zu empfinden – dieses Charakteristikum des Haiku erzeugt hier in Ranieris Haiku wirkungsstark ein anderes, ein neues Licht.

Auf 138 Seiten erleben die Leser*innen den Alltag der Autorin mit Höhen und Tiefen, Zärtlichkeit, Stolz und tiefen Empfindungen, die über die Worte hinausgehen – Ranieri hat dafür das für sie perfekte Genre Haiku gefunden. Man beginnt, die Bedeutung der Braille-Schrift[1] zu erkennen, stellt sich immer wieder vor, mit den Händen zu sehen, und konzentriert sich bewusst auf Gerüche, denen viel zu wenig Bedeutung beigemessen wird, wenngleich sie uns stärker beeinflussen, als wir glauben.

livres braille –	Braille-Bücher –
d'une vieille malle s'chappe	dem alten Koffer entweicht
l'odeur de mon père (S. 117)	Vaters Geruch

Eingerahmt werden die Haiku von einem Vorwort von Félix Boulé, der darin die Sammlung treffend umschreibt: „Denn es ist da, das Licht, immer präsent beim Lesen des Buches, das Christiane ihren blinden Eltern widmet, Licht bereits im Titel und Licht das letzte Wort des Gedichtbandes", und einem Nachwort von Daniel Py.

cécité –	Blind –
mais qui donc a éteint	wer hat bloß
la lumière? (S. 129)	das Licht gelöscht?

Christiane Ranieri stammt ursprünglich aus Wittenheim im Elsass. Da ihre Eltern blind waren, gewöhnte sie sich schon als Kind daran, auf kleinste Details zu achten. Reisen haben ihre Sensibilität für die reichen Nuancen eines Augenblicks erhöht und fast schon wie selbstverständlich entwickelte sich eine Leidenschaft für Kunst, Fotografie und Poesie. Mit „En quête de lumière / Auf der Suche nach Licht" ist nun ihre zweite Haiku-Sammlung erschienen (2017: „Fragments de vie en trompe l'oeil" – Haiku und Senryū[2]).

Eleonore Nickolay, gebürtige Deutsche und seit 1985 in Frankreich lebend, schreibt selbst Haiku und hat mit großem Einfühlungsvermögen die Übersetzung übernommen (eine Herzensangelegenheit, wie sie selbst sagt), die sich als wunderbar gelungene weitere Bereicherung dieses Buches erweist.

Besonders erwähnt werden müssen an dieser Stelle noch die Illustrationen von Aline Palau-Gazé, da sie eine Ergänzung besonderer Güte darstellen. Palau-Gazé ist Malerin und Haiku-Dichterin und damit par excellence eine ideale Ergänzung, ihre Bilder strahlen Eigenständigkeit aus und gehen doch gleichzeitig wie selbstverständlich eine Symbiose mit den Haiku ein. „In Zeichnung und Malerei strebt sie an, die Wahrnehmung der Welt ähnlich auszudrücken, wie wir es aus der Musik und Lyrik kennen."

Ein Haiku, das mich besonders angesprochen hat?

maison de retraite –	Altenheim –
à l'envol du papillon	beim Auffliegen des Schmetterlings
elle soupire (S. 119)	seufzt sie

Resümee: Ein rundum starkes Werk – mehr als lesenswert!!

[1]Die „Verwendung und Weitergabe der Brailleschrift in Deutschland" ist seit März 2020 im Bundesweiten Verzeichnis eingetragen und zählt zum Immateriellen Kulturerbe.
[2]Dieses Buch wurde auch in Brailleschrift veröffentlicht.

Haiga: Beate Conrad

Berichte

Volker Friebel

Preis der Netzpräsenz Haiku heute

Im Sommer 2020 schrieb *Haiku heute* zum zweiten Mal einen Haiku-Preis aus. Materielles war nicht zu gewinnen, aber für die ersten drei Plätze ein Zertifikat sowie für alle Ausgewählten reichlich Ruhm und Ehre. Hier sind die bestbepunkteten Texte:

Platz 1

Burnout –
immer wieder malt er
unberührten Schnee

Ramona Linke

Platz 2

Bitterschokolade
die dunklen Geheimnisse
meines Opas

Birgit Heid

Platz 3 (geteilt)

Altes Grab.
Der Name zog sich zurück
unters Moos.

Reinhard Dellbrügge

Platz 3 (geteilt)

im Lavendelfeld
einen Moment lang
an Gott glauben

Eleonore Nickolay

Die Plätze 5 bis 10 (den 10. Platz teilen sich zwei punktgleiche Texte):

verborgen
hinter der Maske
die Maske

Friedrich Winzer

allein heute Nacht –
öffne ein Fenster
dem Mond

Angelika Holweger

nebeltag
hinter der stille ruft mich
jemand beim namen

    Isabella Kramer

Zeitkurve
Die Rundung des Kieselsteins
in meiner Hand

    Hans-Jürgen Göhrung

Fensterspiegel –
durch unsre Umarmung strömt
Sommerregen

    Angelica Seithe

Flughafenflirt
unsere Lächeln
landen im Mundschutz

    Anke Holtz

wie die neue Welt
sich auf die alte legt
erster Schnee

    Frank Dietrich

An der Jury beteiligten sich 26 Haiku-Autoren, die die letzten drei Jahre jeweils mit mindestens drei eigenen Texten im Haiku-Jahrbuch vertreten waren (siehe www.haiku-heute.de/jahrbuch). Zu bewerten waren 203 Texte von 109 Autoren. Allen Einsendern und Mitgliedern der Jury einen herzlichen Dank!

Mit dem Haiku-Preis soll jedes Jahr auch auf eine für das deutschsprachige Haiku wichtige Person hingewiesen werden.

Dieses zweite Jahr ist der Haiku-Preis **Imma von Bodmershof** (1895–1982) gewidmet. Die Österreicherin gilt als wichtigste Pionierin des deutschsprachigen Haiku. Sie veröffentlichte neben Romanen und Erzählungen vier Haiku-Bücher, die zum Teil noch antiquarisch erhältlich sind:
- „Haiku" (Langen Müller Verlag, München, 1962)
- „Sonnenuhr" (Stifterbibliothek, Salzburg, 1970)
- „Löwenzahn" (Verlag Itadori-Hakkosho in Matsuyama/Japan, 1979)
- „Im fremden Garten" (Arche-Verlag, Zürich, 1980)

Ein Artikel von Conrad Miesen zu Biografie und Verdiensten der Imma von Bodmershof um das Haiku erschien 2012 im Sommergras 98 und ist im Netz frei einsehbar unter haiku.de/files_doc/98-Miesen.pdf.

Mitteilungen

Neuveröffentlichungen

1. Rüdiger Jung und Gabriele Hartmann: Hotel California, 18 Renhai, Heft, DIN A6, bon-say-verlag, 2020. 24 Seiten. Zu beziehen unter: info@bon-say.de

2. Georges Hartmann und Gabriele Hartmann: Buchstabensalat & Leseraum, Haiku, Haibun, Haiga & Fotografie, Doppelbuch (beginnt zweimal von vorne), Ringbindung, DIN A5. bon-say-verlag, 2020. 44 bunte Seiten. Zu beziehen unter: info@bon-say.de

3. Renate Diefenbach: Parlez-moi d'amour, Senryu deutsch/französisch, mit korrespondierenden Farbradierungen und Aquarellen, Kontakt: www.atelier-reni-diefenbach.de

4. Klaus-Dieter Wirth: Der Ruf des Hototogisu, Grundbausteine des Haiku, Teil 2, Allitera Verlag, 2020. ISBN 978-3-962332-29-7

Nun stehen auch wieder die Vorläufer der Haiku-Sammlungen von Klaus-Dieter Wirth in Neuauflagen zur Verfügung:

5. Stimmen der Steine – Voices of Stones – Voix de pierres – Voces de piedras, 145 Haiku/Senryû, 175 S., München 2020. ISBN 978-3-962332-28-0

6. Zugvögel – Migratory Birds – Oiseaux migrateurs – Aves migratorias, 150 Haiku/Senryû, 199 S. München 2020. ISBN 978-3-962332-31-0

7. Im Sog der Stille – In the Wake of Silence – Dans le sillage du silence – En la estela del silencio, 208 Haiku/Senryû, 240 S. München 2020. ISBN 978-3-962332-30-3

Sonstiges

Ausschreibung Haiku-Jahrbuch 2020

Das Haiku-Jahrbuch ist der Versuch, ein Gedächtnis des deutschsprachigen Haiku aufzubauen. Alle bisher erschienenen Jahrbücher (2003–2019) sind unter folgender Adresse kostenfrei herunterladbar: www.haiku-heute.de/jahrbuch
Für das Haiku-Jahrbuch 2020 werden die besten Haiku gesucht, die 2020 entweder geschrieben oder erstmals veröffentlicht wurden, gerne auch in Mundart (zur leichteren Beurteilung bitte mit Übersetzung ins Hochdeutsche). Senden Sie bitte Ihre besten Haiku des Jahres ein (maximal 50). Die Texte dürfen durchaus bereits an anderer Stelle veröffentlicht sein, Sie müssen aber über die Rechte verfügen. Auch Tan-Renga sind erwünscht, längere Kettengedichte, Tanka oder Haiku-Prosa dagegen nicht.
Bitte fügen Sie noch einige Zeilen zu Ihrer Person hinzu, die, bearbeitet, ins Autorenverzeichnis aufgenommen werden können (Vor- und Nachname, Geburtsjahr, Wohnort, Tätigkeit, Sonstiges).
Das Jahrbuch wird sowohl als Papierdruck als auch elektronisch veröffentlicht. Jeder aufgenommene Autor erhält, soweit er eine E-Mail-Adresse angibt, kostenfrei eine elektronische Datei.
Mit der Einsendung erklären Sie, dass Sie über die Rechte an den eingereichten Texten verfügen und mit dem kostenfreien Abdruck im Haiku-Jahrbuch (Papierdruck sowie elektronische Datei) unwiderruflich einverstanden sind. Alle weiteren Rechte bleiben bei Ihnen, Sie können über Ihre Texte also weiterhin frei verfügen.
Einsendungen bitte an: Volker Friebel, Denzenbergstraße 29, 72074 Tübingen (Deutschland), vorzugsweise aber über das Einsendeformular zum Jahrbuch auf www.haiku-heute.de/jahrbuch. Die Einsendefrist endet am 15. Januar 2021. Benachrichtigungen erfolgen über www.haiku-heute.de und über die E-Mail-Adressen der Einsender.

Mentoring

Für das **Haiku- und Haiga-Mentoring** stellt sich Claudia Brefeld zur Verfügung claudia.brefeld@rub.de

Neu: Bernadette Duncan bietet **Haiku-Mentoring via Zoom** (Videokonferenz) an. Interessierte wenden sich bitte direkt an bernadette.duncan@outlook.com

Für das **Tanka-Mentoring** stellt sich Tony Böhle zur Verfügung tonyboehle@web.de

Errata

SG Nr. 130, Seite 64:
Die Solosequenz von Helga Stania war in einer falschen Formatierung abgedruckt worden.

monochrom

nach fotos von michael kenna

still – die windmühlen von la mancha

am rande der sicheldünen
ein singen ahnen

mit müdem blick
folge ich spuren
zum eichengehölz

durch den nebel tanzen
barocke brunnen

acqua alta   venedig als traumsequenz

Sommergras Nr. 130, Seite 28:
Unser neues DGH-Mitglied Michael Deisenrieder wohnt in Fischbachau.
Und auf Seite 29:
Unser neues DGH-Mitglied Dragan J. Ristić lebt in Niš.

Coverbild

Das Bild für das Cover dieser Ausgabe kommt von Valeria Barouch.
Sie wurde 1951 in der Zentralschweiz geboren und lebt seit vier Jahrzehnten in der Westschweiz. Sie schreibt Lyrik in Deutsch, Französisch und Englisch mit einer Vorliebe für feste Formen. Sie zeichnet, malt, fotografiert und begeistert sich für J.R.R. Tolkiens Sprachenwelt. Ihre Homepage www.quettar-orenyallo.ch beheimatet unter anderem auch ihre Haiku-Experimente in einer von Tolkiens Elbensprachen. Die Kamera kommt hauptsächlich für Tierfotografie und Lichtmalerei zum Einsatz.

Nach Redaktionsschluss ereilte uns die traurige Nachricht vom Tode David Cobbs. In der nächsten Ausgabe von Sommergras wird Klaus-Dieter Wirth ihn in einem Nachruf würdigen.

Impressum

Vierteljahresschrift der Deutschen Haiku Gesellschaft
33. Jahrgang – Dezember 2020 – Nummer 131

Herausgeber:	Vorstand der DHG
	Tel.: 040/460 95 479
	E-Mail: info@deutschehaikugesellschaft.de

Redaktion:	Horst-Oliver Buchholz, Eleonore Nickolay, Thomas Opfermann,
Mitarbeit:	Claudia Brefeld

Titelillustration:	Valeria Barouch
Covergestaltung:	Stephanie Mattner

Lektorat, Satz	Martina Khamphasith
und Layout:	

Freie Mitarbeit erwünscht. Ihre Beiträge schicken Sie bitte per

E-Mail an:	Horst-Oliver Buchholz, Eleonore Nickolay, Thomas Opfermann:
	redaktion@deutschehaikugesellschaft.de
Post an:	Petra Klingl, Wansdorfer Steig 17, 13587 Berlin

Über die Veröffentlichung der Beiträge entscheidet die Redaktion. Die Meinung unserer Autoren muss sich nicht immer mit der Meinung der Redaktion decken. Die Beiträge werden von uns sorgfältig geprüft, für die Richtigkeit, Vollständigkeit und Aktualität der Inhalte, insbesondere der fremdsprachlichen Texte, können wir jedoch keine Gewähr übernehmen.

In der Zeitschrift SOMMERGRAS wird (betrifft Beiträge der Redaktion) die männliche Form stets generisch gebraucht und bezieht folglich die weibliche Form mit ein.

Einsendeschluss
für die Haiku- und Tanka-Auswahl:	15. Januar 2021
Redaktionsschluss:	20. Januar 2021

Jahresabonnement Inland (inkl. Porto) 45 €
Jahresabonnement Ausland (inkl. Porto) 55 €
Einzelheftbezug Inland (inkl. Porto) 12 €
Einzelheftbezug Ausland (inkl. Porto) 14,50 €
Auslandsversand nur auf dem Land-/Seeweg.

Der Mitgliedsbeitrag beträgt 45 € im Jahr und beinhaltet die Lieferung der Zeitschrift (Inland inkl. Porto, Ausland + 10 € Porto).
Die finanzielle Unterstützung der DHG quittieren wir mit Spendenbescheinigungen.